U0963568

麦读
MyRead

走向上的路　追求正义与智慧

［美］朗·富勒 ※［美］亚历克斯·柯辛斯基 ※［美］凯斯·桑斯坦 ※［美］罗宾·韦斯特
［美］艾伦·德肖维茨 ※［美］弗兰克·伊斯特布鲁克 ※［美］保罗·巴特勒 ※［美］大卫·沙皮罗
著

高凌云 ※ 王文心
编译

再审洞穴奇案

THE CASE OF
THE SPELUNCEAN EXPLORERS
REVISITED

中国民主法制出版社
全国百佳图书出版单位

致谢

朗·富勒基金会

《哈佛法律评论》

编译说明

1949年，美国学者富勒在纽卡斯国的中央高原地区构筑了一个深不可测的石灰岩溶洞，并在这个洞里设计了一桩令人发指的假想案件（The Case Of The Speluncean Explorers），让四位被困在洞内的探险者分食了另外一位并不情愿的伙伴。案情极其巧妙地交织在一起，形成一个牵一发而动全身的困境。这个洞穴，不仅在当时吸引了无数探险爱好者前去探察，时至今日，仍然吸引着众多的法律人往返逡巡。在完成了洞穴构筑之后，富勒教授一人分饰五角，写出五篇观点迥异且风格差异极大的判词，把不同法学派系的观点恰到好处地展现出来。毫不夸张地说，很多中外法律学子都是读着这个洞穴探险的故事长大的；还有不少法律学者甚至模仿富勒的写作形式各抒己见，将自己代入案件情景中，写下自己的判词。

1999年，在富勒创造出这个令人叹为观止的洞穴探险案的五十年之后，《哈佛法律评论》邀请了美国联邦第九巡回上诉法院的柯辛斯基法官、芝加哥大学法学院的桑斯坦教授、乔治城大学法学院的韦斯特教授、哈佛法学院的德肖维茨教授、美国联邦第十一巡回上诉法院的伊斯特布鲁克法官和乔治城大学法学院的巴特勒教授续写该案的判词，还邀请哈佛法学院的沙皮罗教授作导言。相较于其他学者所发表的见解，《哈佛法律评论》的编辑们尽可能收集了更加广泛的观点，在富勒原文的基础上拓展出更多维度的评判与思考。

这本小册子汇集了富勒于1949年所著的五篇判词以及1999年《哈佛法律评论》所发表的六篇新判词以及一篇导言的翻译，希望能用中文把这一经久不衰的永恒难题再次表达出来，或许能激发法律人进一步思考法律与人性、道德与公平之间的关系，从而推动法律体系的发展与完善。正如沙皮罗教授所言，"美酒不需要青藤，百合不需要镀金"，由富勒教授原创的这个故事从来没有完结，对于孰是孰非的判断至今依旧极富挑战，值得法律人用一生去思考。

高凌云

2021年10月

目　录

导言:一个经久不衰的洞穴　大卫·沙皮罗　// 001

第一部分　洞穴奇案

首席大法官特鲁派尼的判词　*// 035*

我们的法律规定世人皆知:"故意夺取他人性命者处以死刑。"该法条并不包含任何可以适用于本案的例外规则。

福斯特大法官的判词　*// 041*

如果我们宣称,我们维护和阐述的法律迫使我们得出一个连我们自己都感到羞愧的结论……那么在我看来,这无异于承认本联邦的法律甚至都不再假装披着正义的外衣了!

唐丁大法官的判词　*// 051*

假定我们必须根据法律的目的来解释某个法条,那么,当法律有许多目的,或者诸多目的之间存在争议时,我们该怎么办?

基恩大法官的判词　*// 060*

你不能既按照一部制定法的条文去适用,同时又按照自己的愿望来篡改它……一个艰难的判决从来就不是一个受人欢迎的判决。

汉迪大法官的判词　*// 069*

政府是一个人造机构,并且人是被其他人所统治的,而非被纸面上的文字或者抽象的理论统治……一旦人民与那些指导他们法律、政治和经济生活的管理者之间滋生了嫌隙,我们的社会就会遭到破坏。

最后判决　*// 080*

附言　*// 081*

第二部分　再审洞穴奇案

柯辛斯基大法官的判词 *// 085*

作为法官,我们服务于正义的方式是按照文本上的含义去适用法律。

桑斯坦大法官的判词 *// 100*

如果法条本身语义明确,至少当结果不荒谬时,我们应尽最大努力遵守它……激励立法者对属于法律规范范围内的多种情形做出恰当的判断,而非法院。

韦斯特大法官的判词 *// 115*

法律的重点是平等地保护所有人不受他人的不当侵害……所有的个体都有权得到免受暴力侵害的保护,即使基于道德衡量,这种暴力行为能够挽救的生命多于牺牲的生命时也不可以。

德邦克大法官的判词 *// 131*

当一个悲剧性的选择反复出现,以至于可以预见到未来还会重复发生,而理性人长久以来都对是否应允许某种选择无法达成一致意见时,立法机关就有义务通过颁布制定法禁止这种选择。

伊斯特布鲁克大法官的判词 *// 157*

事先保证互惠互利,足以使个别队员事后的致命后果变为正当。社会应当承认这样的契约,以及这种通过紧急避险促进社会福祉的方式。

最蠢女佣大法官的判词 *// 166*

最可悲的是,最相信法治的人,正是那些被法治神话伤害最深的人。

导言

一个经久不衰的洞穴

大卫·沙皮罗

一、缘起[1]

我在法学院上学时，最喜欢法律评论上的两篇文章，一篇是亨利·哈特（Henry Hart）写的著名的《对话》[2]，另

---

* 大卫·沙皮罗系美国哈佛大学法学院威廉·尼尔森·克劳威尔（William Nelson Cromwell Professor Of Law）讲席教授。（本书标 * 脚注皆为译者注）

〔1〕 接下来的好几位作者写的判词都没用注释，但我忍不住还是要用（当然会尽量有节制）。本条注释主要建议读者最好在读完所有判词之后再读这个前言——当然前提是，你也和我一样喜欢读前言。读过所有判词之后，不仅更容易读懂前言，还会避免前言里的观点影响你对后边判词的理解。因此，你可以更好地衡量前言本身的优缺点。不过如果你还是执意要读下去的话，请随意。

〔2〕 Henry M. Hart, Jr., *The Power Of Congress To Limit The Jurisdiction Of Federal Courts: An Exercise In Dialectic*, 66 Harv. L. Rev. 1362 (1953).

一篇就是朗·富勒（Lon Fuller）的《洞穴奇案》[1]。时至今日，这两篇文章仍是我的最爱。

为什么呢？也许是因为年轻时发现一件精美的艺术品或文学作品的那种狂喜，永远都不会被其他事物所超越。（大学二年级时我还曾为《战争与和平》着迷，即便只读了前面100页就没再读下去，我至今仍对此书敬若神明。）但除此之外，我觉得还有更多原因。哈特和富勒所写的这两篇精彩文章，分别是对他们所在时代最热门的争议问题的思考，都很应时，而且文章的品质也不曾因时间流逝而改变；因此，半个世纪后的学生和学者们依旧不断对其进行思辨与写作——毫无疑问，他们的文章还会持续吸引更多后继者们在下一个千年继续思考这些问题。不仅如此，这两篇文章的形式也一直令我景仰：在观点的争论中，作者知道如何以强有力的方式将相互对抗的观点表达出来。这种形式尤其适合探索诸如"联邦政府的性质"与"法律本身的性质"这些基本问题。在我看来，能让每一个针锋相对的观点都有强大的说服力，充分体现了作者作为一名学者的价值。

---

〔1〕 Lon L. Fuller, *The Case Of The Speluncean Explorers*, 62 Harv. L. Rev. 66 (1949).

当我受邀为重温富勒的伟大作品写一篇前言时，我感到既受宠若惊，又提心吊胆。这毫不奇怪！美酒不需要青藤，[1] 百合不需要镀金。那么，我又能为这样一部伟大的作品增添点什么呢？或许也就是说说富勒的作品为何如此耐人寻味，又为何能引起诸多争论，并努力将富勒文章中的见解和参与我们本次写作的作者的观点加以结合。

二、富勒之成就

确切地说，富勒正如哈特，也和每个人一样，都不过是凡人，都不可能完全逃离他写作时的那个时代背景。哈特自然是根据他那个时代的宪法原理[2]行事，他偶尔根据当时的习惯，把那些从格兰德河（Rio Grande）非法偷渡到美国的

---

〔1〕 我一直把从保罗·弗罗因德（Paul Freund）处学来的这句来自莎士比亚的谚语视若珍宝，因为它是如此晦涩。旧时，酒庄外往往会悬挂一支青藤，表明这里卖葡萄酒。

〔2〕 哈特的《对话》重印于 Paul M. Bator, Daniel J. Meltzer, Paul J. Mishkin & David L. Shapiro, *Hart And Wechsler' s The Federal Courts And The Federal System*（3d ed. 1988），但是增加了脚注，使文中的内容与时共进。见该书第393—423页。由于这个负担变得日益沉重，我们作为第四版的编辑，决定不再重印整篇文章，而只讨论并引用文章中的内容。见 Richard H. Fallon, Daniel J. Meltzer & David L. Shapiro, *Hart And Wechsler's The Federal Courts And The Federal System*（4th ed. 1996）。

墨西哥人称为“湿背人”。〔1〕至于富勒，在他假想的案子里，大法官们全是男性；虽然我们无从考证，他们还可能全是白人，并且都来自相对富裕的家庭。〔2〕毕竟在富勒写作的

---

〔1〕见哈特，本书第1页注2第1395页。对于这一点，哈特抱怨说，根据当时的美国联邦最高法院的原则，非法入境的外国人有权获得正当程序所给予的所有保护，而那些手持有效护照和签证、离境探望垂危父母的外籍居民（Resident Alien），在寻求再次入境时则得不到这种保护。

在我们现在生活的时代，如果有人用“小气鬼”（Niggardly）这一来自斯堪的纳维亚半岛的词，就会被控告为种族诽谤，并（至少在一段时间内）失去工作（Jonathan Chait, *Doubletalk*, NewRepublic, Feb. 22, 1999, At 50, 5）；“他”（He）也不再是一个政治上可以接受的泛指人称代词——或许这是对早先时代的矫枉过正——我们都生活在我们的时代里，不能脱俗。

〔2〕所有大法官都是男性这一点，从大法官们对自己同事的相互引证中可以很明显地看出。大法官们的其他特点都来自推测，事实上有关这些特点的假定，只能基于对20世纪40年代的人们对司法系统的看法，以及没有一个大法官对自己的种族、国籍或背景有过一言半语的情况来猜测。引用埃斯克里奇教授在1993年讨论富勒文章时的话：“有关参与审理本案的法官的种族没有任何明确的线索，这本身就是一个隐含的线索。在20世纪40年代，如果你的种族没有被注明，不用说，你肯定是白人。”见 William N. Eskridge, Jr., *The Case Of The Speluncean Explorers: Twentieth-Century Statutory Interpretation In A Nutshell*, 61 Geo. Wash. L. Rev. 1731, 1750 n. 111 (1993).（文中说，20世纪40年代的黑人作家在任何情况下写作时，都会提到他自己的种族，这一论断有实证数据支持吗？）埃斯克里奇继续说：“假想案中那些充满活力的上层阶级背景，暗示了洞穴奇案的世界是个富裕的世界——业余爱好是小圈子里相对奢侈的山洞探险。再者，案件最后成为纽卡斯国的政治精英们（行政总长和法院）的战场。”同上，见第1750、1751页注112（引用略）。（富勒把下面引用的真实的航海案见本书第6页注1，改编为一个涉及探险者的案子，这一变化是为了改变被告的社会阶层，还是因为山洞的情形更容易按他的设想来设计案件的事实？他想呈现的制度问题——即在法律体系中的制度角色问题——被定性为“政治精英们”的“战场”，就其重要性或者作者的目的而言，是恰当的吗？）

年代，绝大多数法官都具备这些特点。他文中的一位大法官认为，要辨别出说话者的确切语言中是否含有口误或过分笼统的命令是很容易的，并指出就连“最愚蠢的女佣”也能根据主人说话的目的来解释主人的原话[1]——这也许揭示了一些有关雇主与雇员之间关系的性质，尤其当雇员是家庭佣人的时候。无疑还有很多其他例子，就像每个作家的作品中都有的一样。

但是，富勒仍然写出了一部经久流传的作品——一部以非常清晰并且容易理解的方式写出的一个有关“永恒困境”的作品。且让我盘点一下他是怎么做到的。

第一，尽管这个假想案——即这些人面临着必须杀掉他们其中一人，不然就会全部饿死的困境——大体参考了两个著名的判例[2]，但富勒通过一系列手段把他的案例设计得更

---

〔1〕 见富勒（福斯特法官的判词）。再次引用埃斯克里奇教授的话：“本案中非富裕阶层的唯一表现是卑微……最富有启迪的是福斯特法官略带讥讽地把‘最蠢女佣’称为‘好’法官。”埃斯克里奇，本书第4页注2第1751页注112。这一点成为保罗·巴特勒教授所写判词的基石。见下文第“最蠢女佣”法官的判词。

〔2〕 见1884年“女王诉杜德利与斯蒂芬案”（涉案被告们在救生船上度过了20天后，把船上最年轻的人杀害后分食——且显然并没有根据任何大家都同意的程序来确定哪个人应该被牺牲掉——被告们最终被判犯有谋杀罪，但他们的死刑最后得到了赦免）；1842年“美国诉霍尔姆斯案”（涉案被告是一艘沉船的船员，为保证他自己和其他船上的人能够活命，而把好几个乘客从大艇上扔了出去，因此被判犯有过失杀人罪并被判刑六个月）。

加困难、更具有挑战性。他把大背景移到纽卡斯国（Newgarth），对于这个司法辖区，除了从判词中表露出来的只言片语——比如，那里有判例法、制定法、法官（在本案中均为男性）、一位掌管赦免权的行政总长，以及一些有时会很愚蠢的女佣——以外，我们对其所知甚少。并且为了限定我们的知识范围，相关事件发生的时间被锁定在第五个千年内。[1]

针对事实本身，富勒加深了我们对被告的了解，并以奇妙的方式增加了案件的困境。例如，那些被困住的探险者们得知他们在十天之内不可能获救，并且有专家告诉他们，除非他们吃掉一个同伴，否则存活十天的可能性微乎其微。然后，最有趣的是，他们都同意通过抓阄（事实上是扔骰子）来决定牺牲哪个同伴，然而在抓阄之前威特莫尔（Whetmore）反悔了，试图退出这个协议，却没有成功。可以预知（毕竟富勒从来都不是布克文学奖的候选人），在由

---

〔1〕 有人认为，要公正和充分地处理案件，我们必须能够深入了解案件发生的所有背景。试比较 John T. Noonan, Jr., *Persons And Masks Of The Law* 111–51 (1976)［讨论 1928 年 *Palsgraf v. Long Island Railroad* 一案（162 N. E. 99）的背景］。当然，没有哪个假想的案子能够满足这一苛刻的标准，尽管富勒已经明显超越了法学院课堂上所讲授的浅显标准，并努力为充分讨论他想提出的争议点提供了足够的信息。

他人代替威特莫尔掷骰子之后，威特莫尔成为最后被抽中的那个人，被杀害并分食。其他人活了下来，并根据一项制定法法条被指控犯有谋杀罪；该法条总共只有这么一句：“故意夺取他人性命者处以死刑（Whoever Shall Willfully Take The Life Of Another Shall Be Punished By Death）。”[1]

我们还了解到一些其他的重要事实——比如救援队有十个成员在救援过程中死亡，比如纽卡斯国的行政总长在赦免罪犯上态度强硬，比如针对下述争议点都有重要的判例：自我防卫可以作为杀人的正当理由（尽管在立法中并未明确提及）；纽卡斯国的法院愿意对制定法进行解释以避免荒诞的结果；以及对一个因饥饿并买不起食物而去偷面包的人（冉阿让）应依法按盗窃罪论处。总而言之，作为一个经常踌躇着努力构建一个无懈可击的假设的人，我认为富勒的假设已经非常接近完美了。

第二，富勒为五个大法官所撰写的判词成功地表达了一系列非同寻常的观点，并且充满了活力和说服力。首席大法官特鲁派尼（Truepenny）扮演了叙述者的角色（类似室内喜剧第一幕出场的管家，一边打扫家具上的灰尘，一边顺便给

---

〔1〕 见富勒（首席大法官特鲁派尼的判词）。

观众讲讲幕布拉开之前都发生了些什么)。不过他并非到此为止，而是继续简短而雄辩地表达了两个观点：其一，当法条在语义上没有含糊之处时，应谨守法条（他认为在此案中即应如此)；其二，从机制上说，在刑事犯罪背景下，赦免者的角色不应是司法机关，而应是行使特赦权的行政机关。[1]

首席大法官特鲁派尼的判词之后是福斯特（Foster）大法官的判词，他极力反对维持下级法院的有罪判决，并提出两个独立的（然而或许是相关的)[2] 观点：被告行事时"处于一种'自然状态'"，就像他们身处月球一样，不受纽卡斯国的法律管辖，并且根据在这样一种情形下适用的原则(换句话说，根据"自然法则"），他们无罪;[3] 况且，无论如何，还有一种更传统的观点，认为有关谋杀罪的法条必须根据其目的——威慑性[4]——来解释。他总结说，根据本案的事实，相比于正当防卫这一公认的正当理由，维持有罪判决无助于刑法的威慑性目的。[5]

---

〔1〕 见富勒（首席大法官特鲁派尼的判词)。

〔2〕 埃斯克里奇认为他们是相关的，我也同意。本书第4页注2第1742页。

〔3〕 见富勒（福斯特大法官的判词)。

〔4〕 同上注。

〔5〕 同上注。

接下来的两个判词有力地回击了福斯特大法官的观点。唐丁（Tatting）大法官嘲弄了福斯特大法官的第一个观点——质疑何时可以确定行为人跨越到自然状态，以及法院怎样取得适用自然法则的授权，然后也同样嘲笑了福斯特大法官关于“目的”的分析，坚持认为目的既难以确定，而且通常是多重的。[1] 唐丁大法官引用冉阿让的判例，轻而易举地区别了被告的行为与正当防卫行为的差异。但最后，唐丁大法官因仍困惑于本案的难度，并痛恨根据强制规定死刑的法律来指控这些不幸的被告，决定弃权退出。[2]

基恩（Keen）大法官持有类似的观点，但是更加强硬，他投票维持原判。他坚持认为，他自己对于所控告的行为是否符合道德标准的个人判断无关紧要，但法院必须承认立法机关的最高权威，从而根据法条的字面含义来适用法律——而非按大法官们的心意，通过确认某些空想的“目的”或填补某些并不存在的“漏洞”，来将法条重写。[3] 他甚至认为，法院早年承认自我防卫的正当性，而非将其交由立法者

〔1〕 见富勒（唐丁法官的判词）。

〔2〕 同上注。

〔3〕 见富勒（基恩法官的判词）。

决定这种防卫的确切边界，或许本身就是一种错误。[1]

最后，汉迪（Handy）大法官，一位现实主义和实用主义者，嘲笑其他大法官之间博学的争论，坚持认为大法官们必须听从他们自己的常识和民意，并推翻有罪判决——本案的民意调查显示，90%的民众希望放被告一马，减轻或者免除对他们的惩罚。[2]他建议可以通过采取任何看起来便利*、合法的方式来达到这一结果——这也是福斯特大法官的第二个观点。[3]

当法庭要求唐丁大法官再次考虑是否弃权时，他仍然固执己见（如果这是对懦夫的一个恰当隐喻的话），正是部分因为唐丁大法官拒绝面对他作为一名法官的职责，导致正反投票数相等，有罪判决最终被维持。

富勒设法通过这五个判词，对每一种有关法律本质与法官职责的争议一一作了介绍。正如汉迪大法官在发表其现实主义者的批评前所注意到的，早期判例已经探索了自然法与制定法之间的冲突，审查了制定法解释的多种路径，并提出

---

* 即 Handy，与汉迪大法官的名字是同一个词。

〔1〕 见富勒（基恩法官的判词）。

〔2〕 见富勒（汉迪法官的判词）。富勒一不小心写了一段很有趣的文字，以汉迪大法官之口否定了行政总长大发慈悲的可能性，依据是他对行政总长的性格的了解——而该了解是因为“我太太的侄子恰巧是他秘书的好友”。

〔3〕 同上注。

了有关我们司法机构的职责与权限等基本问题。

第三，如果不熟悉富勒的其他作品，便很难看出他自己最喜欢的立场。虽然他对现实主义者的技巧极度冷嘲热讽（正如汉迪大法官的判词中所反映出来的）以致很难把他和这种学说画上等号。事实上，富勒的其他作品显示出，他更加偏好福斯特大法官的两个观点。[1]的确，富勒认为在解释法条时目的性分析是很重要的，这一观点后来发展为哈特与萨克斯（Sacks）教授的司法程序（Legal Process）理论，[2]然而，他在唐丁与基恩大法官的判词中对这一方法的批评如此尖刻，以致后来的学者已经无法对他们的观点增加哪怕一点点理由。在我看来，这种能力——能够识别并明确表达自己理论中的弱点的能力——构成了真正的学术研究的品质。

第四，富勒不仅用他的“五重奏”* 探索了一些他所在时代所存在的紧要问题，尤其是努力解决自然法与实证主义之

---

* 即 Handy，与汉迪大法官的名字是同一个词。

〔1〕 见埃斯克里奇，本书第 4 页注 2 第 1737 页注 38，引用了 Lon L. Fuller, *The Law In Quest Of Itself* (1940); Lon L. Fuller, *American Legal Philosophy At Mid-Century*, 6 J. Legal Educ. 457 (1954); 以及 Lon L. Fuller, *Reason And Fiat In Case Law*, 59 Harv. L. Rev. 376 (1946)。

〔2〕 See Henry M. Hart, Jr. & Alebert M. Sacks, *The Legal Process: Basic Problems In The Making And Making And Application Of Law* 1111-1380 (William N. Eskridge, Jr. & Philip P. Frickey eds., Foundation Press 1994) (1958).

间的矛盾冲突；他还采用了一种能成功地吸引住学生和教师的表达技巧——过去的六年内有关本案的第二个学术研讨会就是证明。不仅如此，我想要表达的是，追随他的学者们或许也给大家带来了进一步的启发，但真正的启迪仍然来自富勒本人。

第五，富勒是在一个极其紧凑的结构中完成了这一切。现在一篇有关某费解难题（比如破产法问题）的文章，冗长达百页也不算少见，但富勒的五个判词却仅仅写了 30 页，而且不仅风格简明易懂，还通篇诙谐生动。心直口快的艾文·格里斯沃尔德（Erwin Griswold）有一次介绍富勒时说，“他是唯一一个我能听懂的法学家”，这一评论完美地总结了富勒写作中善于避开虚张声势和晦涩用语的天赋。

三、后续分析与讨伐

（一）

第一次针对富勒洞穴奇案进行大规模重新讨论的是 1993 年《乔治华盛顿法律评论》（*George Washington Law Review*）中的两篇文章。文章题目分别是《洞穴奇案：20 世纪制定法解释精要》[1] 和《洞穴探险案：当代司法程序》[2]。威廉·埃斯克里奇（William Eskridge）教授作为课题的发起人对富勒的文章做了导论分析，之后有七位学者针对本案撰写了七篇新的判词。埃斯克里奇的导论分析中，大部分内容是对富勒文章的学术性注释，他本人将富勒的文章描述为代表了“盎格鲁美利坚针对衡平法和自然法在制定法解释中的作用之争的一个时刻”[3]，同时也是由哈特与萨克斯教授后来充分发展起来的“司法程序”理论的先驱。[4] 埃斯克里奇还提到唐丁与基恩大法官质疑福斯特大法官在其第一个观点中使用“自然法”，在其第二个观点中使用“目的论”的合法性和适当性时所采用的技巧。接下来，在介绍后面的判词时，埃斯克里奇指出，本案的世界和“大法官们的世界（以及朗·富勒的世界）是同一个世界，其中的重要成员是富裕的、异性恋的男性白人”。[5]

---

〔1〕 见埃斯克里奇，本书第 4 页注 2。

〔2〕 Naomi R. Cahn, John O. Calmore, Mary I. Coombs, Dwight L. Greene, Geoffrey C. Miller, Jeremy Paul & Laura W. Stein, *The Case Of The Speluncean Explorers: Contemporary Proceedings*, 61 Geo. Wash. L. Rev. 1754 (1993)（以下称为“当代司法程序”）。

〔3〕 见埃斯克里奇，本书第 4 页注 2 第 1732 页。

〔4〕 见埃斯克里奇，本书第 4 页注 2 第 1743 页。

〔5〕 同上注第 1750—1751 页。

埃斯克里奇的导论非常博学，信息量很大，且总体而言尊重了富勒的观点。我的意见是——虽然已经明显与他的观点不太一致——富勒的文章不仅仅是重要的历史性文献，它也超越了法律史中的某个时刻，甚至数个时刻，只要它继续存在（但也要承认它无法完全摆脱当时的环境），就将继续吸引并激起读者的兴趣。

在埃斯克里奇的导论之后的七个判词中，也许最令人瞩目的特点是没有任何一位大法官直接投票维持有罪判决和量刑；其中三位大法官投票推翻有罪判决，两位大法官投票发回重审，以求获得进一步的与有罪或无罪相关的（或者以供陪审团判断被告有罪或无罪的）事实；一位大法官投票仅针对刑罚的适当性问题发回重审，还有一位大法官投票推翻死刑判决。[1]

之所以没有任何一位大法官投票维持有罪判决和死刑判决，部分是因为埃斯克里奇对法官的选择造成的。正如他所承认的，有三位法官是作为女权主义理论的代表，有两位法官是作为种族批判理论的代表而被选中。[2] 其他两位，一位

---

〔1〕 这是我对所达成的结论的理解，但在有些实例下，作者们也许不同意我的这种理解。

〔2〕 见埃斯克里奇，本书第 4 页注 2 第 1751—1752 页。

支持福斯特大法官拥护的“目的性”分析，〔1〕另一位似乎为汉迪大法官所预言的后现实主义的“批判法学”理论代言。〔2〕

三位支持女权主义理论的是娜奥米·卡恩（Naomi Cahn）、玛丽·库姆斯（Mary Coombs）和劳拉·斯特恩（Laura Stein）。卡恩教授选择支持将本案发回重审，以更深入地查明事实真相，从而有效地将“关怀与正义”的道德规范“纳入其中”。〔3〕库姆斯认为，法官们太容易将自己带入那些发现自己面临死亡的“有特权”的男性被告们的角色中；因此她得出结论，认为既然笔录中并未记载被告实际放弃了陪审团审判，本案应当针对最终是否有罪问题进行重审，

---

〔1〕见《当代司法程序》，本书第13页注2第1800页（“我们既有权利也有义务按照能实现其明显的立法目的的方式来解释制定法——立法目的或许模糊不清……”）（米勒教授的判词）。

〔2〕同上注第1801—1807页（保罗教授的判词。保罗反对汉迪大法官对“普通人”的观点的依赖。同上，第1806页。但保罗得出的结论是“……甚至我们都不能认为这些被告的行为是犯罪，因此而将他们判处死刑，那太可怕了……”，在得出这个结论时，保罗坦言他“不能够宣布一个概莫能外的原则，可以强制要求推翻原判”，但是他不在意这点。同上，第1805页。

〔3〕见《当代司法程序》，本书第13页注2第1763页（卡恩教授的判词）。

并取得陪审团的裁决（或许部分原因是她担心有司法偏见）。[1] 斯特恩教授在推测了本案判决对那些被剥夺权利的人（尤其包括受虐待的妇女）可能造成的影响后，得出结论认为处死这些被告将会得不偿失，并且因为她“有意不在事前给被告提供意见”，所以她本人“无权在事后做出判断”。[2]

至于两位种族批判理论的代表，约翰·卡尔摩（John Calmore）教授根据他自己对纽卡斯国所发生的种族和宗教迫害的历史叙述得出结论，认为整个纽卡斯国的刑事司法制度都非常可疑，“因为我们在纽卡斯国生活在种族压迫的氛围中”。[3] 而德怀特·格林（Dwight Greene）教授则把刑法看作是一个“非特权阶层的……法律陷阱”，因此决定维持有罪原判，因为他知道那些“富裕的、纯种高加索白人男性组

〔1〕 见《当代司法程序》，第 1785、1787、1789 页（库姆斯教授的判词）。在富勒的假想案中，陪审团团长要求法院根据所确认的事实来判定被告是否有罪，而我们被告知“被告的律师”接受了这个程序。见特鲁派尼首席大法官的判词。

〔2〕 同上注，第 1811 页（斯特恩教授的判词）。首席大法官特鲁派尼对事实的总结仅仅是威特莫尔（在通讯被切断之前从洞内向外传递信息）“询问洞外的救援团中是否有法官或政府官员”能告诉他们，是否“建议”他们扔骰子来决定哪个人应被分食，但是“没人愿意就此提供意见”。（首席大法官特鲁派尼的判词）因此，我们根本不知道当时是否有任何法官或政府官员在场。

〔3〕 见《当代司法程序》，本书第 13 页注 2 第 1766 页（卡尔摩教授的判词）。

成的专家小组”不会推翻冉阿让的案子，并且，当盗窃在类似情形中受到惩罚时，人们（依据中立原则理论?）不会觉得为了自己能活下去而谋杀他人是合理的。[1]

在这里并不适合分析每种理论的细节。尽管我认为在这些后现实主义者、女权主义者和批判种族主义者身上可以学到很多东西，但并不认为我自己属于这些学派中的任何一个，并且结合富勒案的背景，每一种结论都给我造成了困扰。有些判词直接拒绝按照富勒所陈述的案情来接受本案，而是趁机编出他们自己的故事，然后据此作出决定。（富勒很可能会像我常在课堂上说的一样来回应：“这是我设计的案例，你们不许添油加醋。”）其他人在我看来似乎是在逃避——比如唐丁等人——他们在想象中觉得更多的事实也许有助于判案，或者坚持认为终极问题应该由陪审团作出裁决。[2] 总而言之，在1993年的研讨会上提交的几个判词，也许更像是法律史上一个相对短暂的时刻，而不像富勒的原著那样是对

〔1〕 见《当代司法程序》，第1790—1791页（格林教授的判词）。

〔2〕 富勒没有告诉我们纽卡斯国是否像美国一样由宪法来保障陪审团审判的权利，或者纽卡斯国究竟有没有宪法。事实上，我确定他想要他的读者们自由地思考这些问题，不受宪法有可能施加的任何限制。再者，库姆斯教授似乎决定把陪审团审判硬塞给被告，不管他们是否需要——这个观点与我们自己的宪法先例完全不一致，见1930年的 *Patton v. United States* 案（281 U. S. 276）。

根本困境的永恒思考。无论如何，在我看来，富勒的作品没有受到挑战和影响。

（二）

接下来我们回到今天的研讨会。这一次，编辑们试图征集到更广泛的观点。双方投票数的接近说明编辑的努力成功了。我数了数，维持有罪判决的投票数是 3∶3，[1] 其中投票维持原判的三位法官中的一位同时也投票废除法定死刑，并就本案的死刑判决发回重审。与唐丁大法官不同，我本人并未被分配一个法官的角色，所以即使我想打破僵局也无能为力——事实上我也并不想这么做。因此，被告们不得不服刑，但他们也许并不需要面对死囚牢房的痛苦，或者更糟糕的情况（假定没有一个更高级别的法庭可以进一步上诉）。

这六份判词中包含着一些令人意外的东西，也充满了很多真知灼见。但是，我再一次得出了相同的结论，即所有人的论述都是基于富勒在他的 30 页纸中所打下的基础，并且虽然后续论述中有很多闪光点使人着迷，有些还非常睿智，但是，这些论述其下的基础与其上的结构，都可以在富勒的文

---

〔1〕 我假定巴特勒教授会完全推翻有罪判决。如果他只是推翻有关刑罚问题的判决，那么，维持原判的投票将会是 4∶2。

章中找到蛛丝马迹。

先看看那些投票维持原判的大法官们吧！亚历克斯·柯辛斯基（Alex Kozinski，在现实生活中是一位联邦上诉法院的法官）采纳了特鲁派尼首席大法官和基恩大法官的“文本主义”的观点，同时也受到制度主义观点的影响——特鲁派尼大法官提到在“政治领域”得到救济的可能性时就是这种观点。〔1〕在富勒论点的基础上，柯辛斯基指出，我们不能确定被告们是否作出了最明智的决定——也许他们在分食同伙之前应当再等等，等到他们中的一人自然死亡后再这样做——不应无视法条的直白含义而造法。例如，他问，法院能基于需要填补法条起草者留下的漏洞这一理由，允许对杀狗者提起控告并做出有罪判决吗?〔2〕

这份判词极有说服力地对“文本主义者”的观点进行了陈述，然而它也引发了若干担忧。如果某法条的语言很宽泛，在为解决某一特定问题适用该法条时，只要法条的语言够

---

〔1〕 见下文柯辛斯基法官的判词。我是在看完各位作者针对“富勒洞穴奇案”进行回顾而写的判词初稿后，完成了本文的第一稿。其后，好几个作者补充了他们的判词，增加了对其他同事们分析方法的批评意见，这些意见都富有启迪意义。或许其中最完整的是柯辛斯基的意见，他的评论有些与我的重合，有些是对我的观点的改进，还有些远远胜过了我的观点。但是因为我已经花了力气整理自己的思路，我不愿意放弃现在把这些观点说出来的机会。

〔2〕 见柯辛斯基法官的判词。

“直白”（Plain），法院就应当仅仅把自己当成传话人吗？如果根据数个世纪以来的经验判断，立法者或许早已预料到，法条解释的过程既包含代理关系（即法院是立法者所订立法律的适用者），又包含合伙关系（即立法者制定原则性，有时甚至是过于原则性的禁止和命令，而法院则充当调节器），需要考虑这一点吗？拿手头的案子来看，柯辛斯基设法把（富勒假想的）早期判例中所提出的问题放到一边，而承认自我防卫在“普通法”上的正当性。他这样做是通过适用在富勒写作时显然并不存在的一些其他的法律条款，这些条款“定义了正当性的杀害”，然后斥责说，被告们没有适用这些以前不为人所知的法条，“无疑是因为这些法条并不适用于他们”。[1] 并且，他的“杀狗罪”的例子[2]尤其讽刺，因为法条的语言禁止杀害“另一个（Another）”。另一个什么呢？[3] 活物吗？人类吗？不分析立法目的——无论手头有什

〔1〕 见柯辛斯基法官的判词。

〔2〕 在这个例子里，柯辛斯基问道：法院通过适用有关杀狗的法律来对“立法疏忽”进行补救，或者填补制定法有意无意造成的空白，这些做法是否恰当？

〔3〕 见埃斯克里奇，本书第4页注2第1798页（米勒的判词）[“在很多情境下‘另一个’（Another）是指动物。没错，我们在‘另一个’这个词的后面很自然地加上‘人’（Human Being）这个词来限定，但这只是因为杀死动物而被判死刑似乎太过分了而已”。]

么资料来据以分析，可能都无法回答这个问题。

下一个投票维持原判的，是凯斯·桑斯坦（Cass Sunstein），这或许会让一些人感到意外，但这份判词事实上驾驭自如地适用了桑斯坦在他的其他论著中发展起来的观点：有可能根据一种被他描述为不完全理论的理论来达到目的——即通过类比（Analogy）的方法，且不必解决自然法则的最基本问题。〔1〕桑斯坦一方面承认用直白含义进行法条解释的优点（对该案的意见的确很大程度上依赖于此）以及目的性分析的优点，同时也指出了它们的弱点和局限。〔2〕他认为对这一问题最好的解决办法，是将法条所针对的典型案例的事实（为自私目的而杀害一个无辜者）与其对立面（为阻止恶人戕害生命而进行的杀害）进行比较。遵循这一类比，桑斯坦得出结论，认为本案中的杀害不应该被判为正当，尤其是因为威特莫尔及时作出努力，撤回了同意意见。

我认为，这一分析本身非常奇妙，同时也是桑斯坦解决法律问题时方法多样的一个富有启发性的例证。然而我不禁注意到，该方法中的某些因素至少在某种程度上曾出现在富

〔1〕 See, e. g., Cass R. Sunstein, *The Supreme Court*, 1996 *Term-Foreword*: *Leaving Things Undecided*, 110 Harv. L. Rev. 4, 20-21 (1996).

〔2〕 见下文桑斯坦法官的判词。

勒原著的大法官判词中，包括对文本主义和目的主义的批评，[1] 以及以前承认的自我防卫的正当性[2]与威特莫尔在扔骰子前努力摆脱抓阄的相关性之间的区别。[3]

罗宾·韦斯特（Robin West）是第三个投票同意维持有罪判决的。在详述了唐丁和基恩大法官的一个论点（并增加了一些新的观点），即这一类法条具有多重目的，而这些目的有时互相矛盾，有时又不可知之后，韦斯特教授着重讨论了本案与典型的自我防卫的正当性之间的区分。[4] 她同意桑斯坦的观点，认为抵御攻击是一回事，为救他人而蓄意夺取无辜者生命是完全不同的另一回事。（在这一讨论过程中，她把威特莫尔的困境类比于妇女不能被要求为了救她体内的胎儿而牺牲自己的生命。）[5] 最后，她得出结论：法定死刑无法经受住禁止侵犯他人身体的宪法性审查，因为它没有对有可能减轻刑罚的情形予以考量。[6] 她坚持认为，至少在惩

---

〔1〕 见富勒（唐丁法官的判词和基恩法官的判词）。

〔2〕 见富勒（唐丁法官的判词）（提到抵抗给自己的生命带来侵略性威胁的冲动特性）。

〔3〕 同上注（提出质疑：假设威特莫尔一开始就拒绝参与该食人计划，事情是否会有所不同?）。

〔4〕 见下文（韦斯特法官的判词）。

〔5〕 同上注。

〔6〕 同上注。

罚阶段，我们不需要将正义与赦免两分。[1]

这些强有力的观点之种依然是由富勒埋下的，在他对目的性分析的批评中，在他对反抗侵犯者的自我防卫案的区分中，在他（借汉迪大法官的判词）认为从形式上将各部门的职责进行分割——即把有关“赦免”问题交由行政部门——是一个值得怀疑的方法的意见中。[2] 当然，在富勒的时代，最高法院还没有对死刑的有效性作出判决，[3] 或者对堕胎的宪法性限制或禁止作出判决，因此，富勒没能从这些判例中获益（如果那能算益处的话）。事实上，纽卡斯国是否有一个与美国宪法相类似的宪法[4]或者我们最高法院对宪法高度有争议且有些乏味的解释是否可以用来作为参照都不甚清楚。无论如何，韦斯特用堕胎作为类比很令人疑惑，因为在我看

---

〔1〕 见下文（韦斯特法官的判词）。

〔2〕 见富勒（汉迪法官的判词）。

〔3〕 最高法院纠结于死刑带来的宪法问题的历史可谓引人注目，随着时间变迁，法院的分析路径不断变化，并且在任何一个特定时期内，最高法院内部的分歧都很大。几十年来，最高法院设法解决了一系列案子，涉及可以允许判处死刑的情形，以及可以、不可以或者必须被考虑进去的因素。见 Carol S. Steiker & Jordan M. Steiker, *Sober Second Thoughts*: *Reflections On Two Decades Of Constitutional Regulation Of Capital Punishment*, 109 Harv. L. Rev. 355 (1995)（对最高法院自 1972 年起对待这些问题的态度进行描述和批评，并得出结论，认为“事与愿违，对死刑既过分监管，又监管不足”。）

〔4〕 见本书第 18 页注 1。

来，这也完全有可能得出相反的结果。也许，比起把威特莫尔与不能为了体内的胎儿而牺牲自己性命的妇女作类比，将母亲与被告相类比可能更适合。毕竟，正如更大利益会允许清醒的母亲为保住其自身的健康或生命而牺牲一个未出生的孩子，更大利益或许也能通过牺牲一个无辜者的生命以保全众多生命来达成（至少在遵循公平程序的时候）。

现在我们转向那些决定推翻有罪判决的判词。弗兰克·伊斯特布鲁克（Frank Easterbrook）的决定和理论或许会令那些将他与“文本主义者”理论联系到一起的人吃惊。伊斯特布鲁克（在现实生活中为学者，同时是联邦上诉法院法官）认为，涉案法条的宽泛语言中并不包含本案的情形，他同时强调需要考虑历史背景的因素，要考虑法院在发展刑事指控抗辩方面的普通法职能，以及法院在将新的法条嵌入法律制度的“通常运作”中的角色不仅是代理人，而是立法者的合伙人。〔1〕他在对紧急避险的正当性进行“功利性”分析时，对冉阿让的案子和饿死的登山者的案子进行了缜密的区分。〔2〕这样分析之后，他得出结论，认为躲在无知之幕背后

〔1〕 Cf. David L. Shapiro, *Continuity And Change In Statutory Interpretation*, 67 N. Y. U. L. Rev. 921 (1992)（对法院在处理制定法时的职责提出了类似的观点）。

〔2〕 见伊斯特布鲁克法官的判词。

甘愿冒探险所附带风险的五位探险者，确实会理智地提前达成一个分食同伴的契约，以便把因饥饿而死亡的风险降低80%（他认为这种契约可以与登山者使用的结组安全绳相类比）。[1]

鉴于伊斯特布鲁克的法条解释方法之复杂，以及涉案法条的特定性质，他在本案中远离“文本主义”正统观点的做法并不令人吃惊。尽管很多立法体现了相互冲突的力量之间经过仔细打磨后的妥协——如果拒绝遵守法条的文义，这样的妥协很可能会走样，甚至被毁掉——但本案中的这一刑法法条显然会被视为由立法者颁布的过分宽泛的禁令，导致立法者至少默认有必要由法院对该法条进行调整。[2]

伊斯特布鲁克对于“紧急避险”抗辩具有功利性性质的观点，也不会令那些熟悉他学术作品的人感到吃惊，我认为“紧急避险”抗辩是对我们思考本案问题的一个主要贡献。然而同样，这一方法在富勒的文章中，已经出现在福斯特大法官的判词里（在他论证中的“自然法”部分）：

---

〔1〕 见伊斯特布鲁克法官的判词。

〔2〕 伊斯特布鲁克在之前的一篇文章中对这一区别进行了充分讨论，其中强调了颁布行为规范的制定法与将普通法的解释功能授予法院的制定法之间的区别。见 Frank H. Easterbrook, Statutes' Domains, 50 U. Chi. L. Rev. 533（1983）。

> 如果牺牲救援团中十位成员的生命以救助五位被困探险者的生命是正当的，那么为什么要说那些探险者达成牺牲一人来挽救其他四人生命的契约就是错误的呢？[1]

富勒认为这一分析与“自然法”理论最为相关，而伊斯特布鲁克则把它作为一种法条解释的恰当工具，这对我们很有启发。韦斯特坚持认为禁止谋杀事关“权利”，尤其是无辜者不受伤害或杀害的权利，[2] 而伊斯特布鲁克则根据对那些受影响的人的净损失或净收益来考虑正当性问题。[3] 如果伊斯特布鲁克是正确的，我们难道不需要担心多数人可能在牺牲少数人利益之路上会走更远吗？并且，为什么根据（假想案例中）“实际发生的”事实，判断威特莫尔在扔骰子之前试图退出是无关紧要的？——伊斯特布鲁克没有提到这一点。鉴于威特莫尔的决定，把他排除在扔骰子和其后的分食人肉计划之外，难道不是更公平的？至少从成本收益的角度来看更合理吗？

---

〔1〕 见富勒（福斯特法官的判词）。
〔2〕 见下文韦斯特法官的判词。
〔3〕 见下文伊斯特布鲁克法官的判词。

另一位决定推翻有罪判决的是艾伦·德肖维茨（Alan Dershowitz），他以德邦克（De Bunker）大法官的笔名写下判词。[1] 德肖维茨教授在对富勒的假想案例添枝加叶时，假设在第三个千年发生了一场宗教战争，战争结束后，至少大多数幸存者抛弃了宗教准则和对自然法的任何信念。[2] 在消灭了富勒两难中的一个难之后，德肖维茨在其分析的第一部分决定支持被告，这是基于他自己偏好的理论（他希望这也能吸引他人），即“法无禁止即可为”。他认为，既然禁止谋杀的法条并未提到本案中的情形，他从其自由主义原则中所归纳的理论便为其推翻原判的决定提供了基础。[3]

德肖维茨当然有权选择实证主义的道路，然而，通过假定整个社会已经在一千年前就拒绝了自然法的观念，从而把富勒的假想案例中与自然法原则存在的冲突消灭掉，这有些不公平。至于“法无禁止即可为”的理论，作为一种一般性的解释方法，人们很难对此提出异议——事实上，我认为它颇有吸引力——但我不确定它有助于本案的解决。无疑，数

---

〔1〕 而此人后来声称是一个“有色人种的同性恋女性”。见德邦克法官的判词。

〔2〕 同上注。

〔3〕 同上注。

千年前（在其他司法辖区）有两个倍受关注的案子，但结果都根据与本案中的法条相类似的一般性法条，作出了有罪判决。[1] 假设那些案例与本案相关，为什么那些案例中对被告的有罪判决不能说明这一理论——如果纽卡斯国的立法机关意识到这一问题，他们还会对以前的解决方法感到满意吗？[2] 如果德肖维茨对法条的理解正确的话，这种理解可以在赎金未支付时禁止杀害被绑架的人质吗？或者，这种理解可以用来禁止任何在法条没有具体提到的情况下杀人的情况吗？[3]

---

〔1〕 见1842年的“霍尔姆斯案”；1884年的“杜德利与斯蒂芬案”。

〔2〕 德肖维茨引用了无疑是这些案子中最著名的1884年杜德利与斯蒂芬案来支持他的论点，他说参与该案的法官们意见不一致，判决后由行政部门决定赦免，并且无论如何“在此案发生之前或之后的类似案件中的绝大多数，结果都是无罪释放或者决定不起诉……”，见下文德邦克法官的判词。在我看来，这些观点中的前两点几乎没能对德肖维茨的论点提供任何帮助。争议案件的判决很少是全体一致同意的；关键是英国和纽卡斯国的立法者都没选择拒绝承认案件的结果。至于后续的减刑，与首席大法官特鲁派尼敦促大家投票维持有罪判决如出一辙，他认为，这样特别的案子，不适合由没有任何立法授权的法院来决定，而应由行政机关基于特定情形，根据个案来行使自由裁量权。见富勒（特鲁派尼法官的判词）。

最后，我对他提到“类似案件中的绝大多数”感到疑惑。没有引用任何支持性的权威证据，我不知道在这种情况下，人类之间的同类相食居然如此普遍，以至于可以用“绝大多数”来谈论这些案子（或许我理解的类似案件并没有那么宽泛）。对于这个主题，少数上诉法院的案子背后，或许隐藏着一个巨大的冰山，但是我没有听说有任何实证研究支持这个冰山的存在。

〔3〕 柯辛斯基支持这一点的例子令人愉悦，见下文柯辛斯基法官的判词。

或许德肖维茨意识到他对纽卡斯国禁止杀人的法条“解释”中的难点，随后他又抛出了“紧急避险”，似乎想将此作为一个备选理论。[1] 这一论证与伊斯特布鲁克的功利性考虑非常相似，正如我曾努力指出、也有人雄辩地争论过的那样，我认为这一论证既有优点，也有缺点。在我看来，它最突出的一个缺点是，它给一个为了更大利益而寻求保护无辜者免为他人牺牲的法律制度提出了一些令人非常痛苦的问题。无论如何，德肖维茨认为“我们的立法机关并没有明确提及这一具体问题（即“紧急避险”抗辩的性质和范围的具体问题）”，从而把他论证的两个论点结合起来。[2] 对此，我没有被他说服。

所有这些把我们带到保罗·巴特勒（Paul Butler）的判词。巴特勒教授以其在《耶鲁法律杂志》（*Yale Law Journal*）上发表的一篇文章而闻名，他在那篇文章中提出，当黑人被控犯有非暴力犯罪行为时，黑人陪审员往往罔顾事实而作出被告无罪的裁决（Nullification），[3] 他这次决定再写一篇更

---

〔1〕 见德邦克法官的判词。

〔2〕 同上注。

〔3〕 See Paul Butler, *Racially Based Jury Nullification: Black Power In The Criminal Justice System*, 105 Yale L. J. 677 (1995)

炫的文章。巴特勒抓住福斯特大法官在判词中为讨论目的性解释而提到的“最愚蠢的女佣”，[1]以那位女佣的口吻写了一篇判词——文风奇异地混合了巴特勒版本的黑人英语和粗口，又有完全按照蓝皮书*的引证格式所写的注释，还有一些相当优雅的句子，例如，“确认完被告的行为在道德上无可指责之后”[2]以及“在20世纪的后半期，……黑人……要改造他们难度高、花销大，而惩罚他们却是件令人愉悦的事情”。[3]他判词的重点是，本案中没有人犯下任何值得道德谴责的罪行，[4]为证明杀人有错而杀人是荒谬的，[5]且无论如何，根本就没有真正的法律，因为“纽卡斯国的最高法院永远都不可能挑选那些对穷人和对有色人种有利的法律……至少不会让富有的白家伙们感受到他们的地位和财富受到威胁”。[6]在结尾，女佣通过“在数个世纪以来牺牲有色人种的性命”之后，纽卡斯国已经是时候从“让白人为了更大利益而牺牲白人的性命”这一讽刺中得到慰藉了。[7]

---

* Bluebook，指美国大多数法律评论期刊要求的法律引证格式。

〔1〕 见富勒（福斯特法官的判词）。

〔2〕 见“最蠢女佣法官”的判词。

〔3〕 同上注。

〔4〕 同上注。

〔5〕 同上注。

〔6〕 同上注。

诚然（正如富勒在提到冉阿让时所承认的[1]），法律在表面上显得公正，然而事实却是法律对穷人经常比对富人更加严苛，并且这个国家的穷人通常都是有色人种——尤其是黑人——对此阿托尔·法郎士（Anatole France）也曾有过很精辟的评论。[2] 又诚然，巴特勒的文章有一种能吸引公众注意的震撼人心的价值，虽然有些令人不安。[3] 但问题仍然是——通过假定第五个千年的纽卡斯国与我们最糟糕的20世纪的社会相同，并且更加傲慢地假设假想中的"愚蠢女佣"是黑人——并在此基础上进行讨论，巴特勒是否尊重了富勒的假想案例，还是仅仅用这个案例作为平台，把他以前曾经弹奏过的曲子换个更加刺耳的方式弹奏出来？巴特勒对整个"法律推理"概念的挑战，与20世纪早期的法律现实主义者的批评，以及晚近时期他们的思想承继者在批判法学运动中所提出的批评遥相呼应。富勒，尽管他本人重视法治，但他

---

〔1〕见富勒（唐丁法官的判词）。

〔2〕"庄严的法律上的平等……既禁止富人也禁止穷人在桥下睡觉，在大街上乞讨，以及偷面包。" Anatole France, Le Lys Rouge 111-23 (1894), Quoted In *The Oxford Dictionary Of Quotation* 292 (Angela Partington ed., 4th ed. 1992).

〔3〕我必须承认，看到巴特勒对其他新的大法官们的判词以及他自己的判词的汉迪式的丢弃，以及他提到喜剧演员亨利·杨曼（Henny Youngman）最著名的一句俏皮话（我敢肯定他不是故意的）时，我禁不住会心一笑。

通过汉迪大法官的判词认为，另一选择是听取民意并依其行事[1]的观点或许稍显过火。但是我还在琢磨，巴特勒的批评是否带领我们看到了早期判词中没有包含的更深刻的东西。正如柯辛斯基在其判词中有力指出的那样，巴特勒的方法本身包含了令人迷惑的矛盾冲突，而对于在一个更好的世界里针对这样一个案子如何适用法律这一问题，仍让我们两眼一抹黑。这一困境很可能就在于，巴特勒坚持把洞穴奇案视为一个种族与阶层的寓言故事。

我的一位犹太同事——也是本次判词汇集的一位隐名参与者——数年前告诉我，他年轻时看完棒球比赛回到家，骄傲地对祖母说："道奇队赢了！"他的祖母会说："那么，对犹太人有什么好处吗？"或许没有，但是对他们来说，也没有坏处。

我对本次新汇集的判词所提出的一些问题，既非有意否定这些判词中的许多真知灼见，更不是在暗示我自己可以写得更好。我很确定我做不到。读者读到现在肯定已经不耐烦了，但我从这场持续不断的辩论中得到了一个确信：朗·富勒提出的问题给那些担忧法律和法制的人带来的挑战，就像宇宙的起源与终极命运给天文学家带来的挑战一样严峻。

---

[1] 见富勒（汉迪法官的判词）。

第一部分

洞穴奇案

The Case Of The Speluncean Explorer

朗·富勒

纪元 4300 年　纽卡斯国最高法院

被告人被控犯有谋杀罪，斯托菲尔德（Stowfield）郡的初审法院（Court Of General Instances）判定该罪行成立，并判处被告人绞刑。被告人上诉至本院。案情请见首席大法官的判词。

首席大法官特鲁派尼的判词

洞穴探险协会是一个业余洞穴探险爱好者的组织，本案的四名被告人是该协会的会员。在纪元4299年5月初，这四人和另外一名会员罗杰·威特莫尔（Roger Whetmore）一起前往一个石灰岩溶洞去探险，这种溶洞在本联邦的中央高原地区很常见。当他们进入山洞深处时，忽然发生了山崩。巨石落下，封住了洞口，那是他们所知道的唯一的出口。在搞清楚状况后，他们就在被堵住的洞口附近安顿下来，等待救援队来移开碎石，将他们从这个“地牢”中救出去。因为威特莫尔和四名被告人一直没回家，他们的家人便通知了洞穴探险协会的秘书。而这几位探险者临走前，曾在协会总部留下了他们准备去探险的这个山洞的位置，于是一支救援队立即被派往出事地点。

救援任务异常困难，需要不断增加人力物力补充救援力量。山洞所在地非常偏僻，要把这些救援的人和物资运过去，着实花费不菲。前去救援的工人、工程师、地质学家和其他专家在附近驻扎起庞大的临时营地。然而，移走洞口碎石的工程好几次被新的山崩打断。其中一次山崩更是致使十位正在清除洞口碎石的工人不幸遇难。洞穴探险协会的资金，一半来自募捐、一半来自立法拨款的 80 万弗雷拉（Frelars），在把受困者救出来之前也已全部花完。直到探险者们进入山洞后的第 32 天，救援才终于成功。

由于大家知道这些探险者们只带了很少的随身物品，也知道山洞里没有动物或植物可供他们果腹，在救援一开始，人们就担心被困者会在获救之前就死于饥饿。在探险者们被困后的第 20 天，营救人员第一次得知他们带了一台便携式无线通话器，可以收发信息。救援营地立即安装了一个类似的通话器，与山洞里那些不幸的被困者建立了联系。被困者们想知道还需要多久才能获救。负责救援的工程师回答说，即便不再发生山崩，也至少需要 10 天时间。探险者们接着问现场是否有医生，并与一个医疗专家委员会通上了话。

被困者描述了他们的身体状况以及所带口粮的情况，想得到医生的专业判断，即如果没有食物，他们是否还可能再撑 10 天。医生委员会的主席告诉他们几乎没有这种可能。随后，洞里的通话器沉寂了 8 个小时。

当通话器再次接通时，洞里的人说还要与医生对话。医生委员会的主席被叫到通话器前，威特莫尔代表他自己和其他四位被困人询问医生，如果吃掉他们中的一人，其他人能否再活 10 天。医生委员会的主席极不情愿地给予了肯定的答复。威特莫尔又问，是否建议他们抓阄决定哪个人应当被吃掉？现场的医生没有人愿意回答这个问题。威特莫尔接着问，救援队里是否有法官或者政府官员可以回答这个问题，但没人愿意就此提供意见。他又问是否有神父或牧师愿意回答这个问题，依旧没有人愿意回答。之后洞里就再没传出消息，大家以为探险者们的无线通话器没电了（事实上并非如此）。当受困者最终获救后，大家才知道，在他们进洞并受困的第 23 天，威特莫尔被其他同伴杀害并分食了。

从被告人向陪审团提供的证词中可以看出，是威特莫尔第一个提出建议，他们或许可以吃掉其中一人，其他人才有可能活下去。也是威特莫尔第一个提议抓阄决定该杀死哪个人，并告诉被告人，他正好随身带着一副骰子。几位被告人最初并不愿采取这样一种令人绝望的办法，但是在用无线通话器与外界进行了前述对话之后，他们最后同意了威特莫尔提出的计划。经过对相关数学问题进行反复讨论，他们最终一致同意用掷骰子的方法来决定谁生谁死。

然而，在开始掷骰子之前，威特莫尔却声明他要退出这个计划，因为他经过深思熟虑，决定等一个星期再来尝试这个如此可怕和可憎的“权宜之计”。其他人则认为他背信弃义，决定继续掷骰子。轮到威特莫尔的时候，由四位被告人中的一个替他掷。大家问他对掷骰子的公平性是否有反对意见，他说没有。最后的结果是他被抽中，于是他被杀害并被同伙吃掉。

四位被告人得救后，因营养不良与受到惊吓先在医院接受治疗，其后被指控犯有谋杀威特莫尔的罪行。审判中，在证言部分结束之后，陪审团的团长（一名职业律师）请示法院，他们是否可以只作特别裁决*，而让法院基于这些事实来决定被告人是否有罪。经过一番讨论，公诉方和被告方的律师表示可以接受，法院也采纳了这一建议。在一篇冗长的特别裁决书中，陪审团确认了前述事实，并进一步认为，如果法院基于这些事实可以认定被告人犯有被指控的罪行，那么他们就认定被告人有罪。基于这一裁决，初审法官作出了被告人谋杀罗杰·威特莫尔的有罪判决。随后，法官判处他

* Special Verdict，即陪审团只对案件事实进行认定。

们绞刑，在刑罚方面，纽卡斯国法律并未授予法官任何自主裁量权。

陪审团解散后，陪审团成员们与行政总长（Chief Executive）联系，要求将被告人的刑期减少至六个月的有期徒刑。初审法官也与行政总长进行了一次类似的沟通。然而，行政总长并未针对这些请求采取任何行动，显然他在等待我们对这一上诉给出意见。

本人认为，陪审团和初审法官在处理这一非同寻常的案件时的做法不仅公平、明智，也是他们依法所能采取的唯一做法。**我们的法律规定世人皆知："故意夺取他人性命者处以死刑（见纽卡斯国法典第 12-A 条）。"该法条并不包含任何可以适用于本案的例外规则，不过，同情心会促使我们考虑这些被告人所处的悲惨处境。**

这类案件似乎更适合用行政赦免来缓和法律的严苛，因此我向各位同事们建议，我们也效仿陪审团和初审法官，参与到他们与行政总长的沟通中。我们有充分的理由相信，这些请求宽恕的请求会被采纳，因为这些请求是来自那些研究过本案，并有机会全面了解案情的人。行政总长拒绝这一请求的可能性极小，除非他本人也举行一场与初审法院举行的长达 3 个月的庭审一样深入的听证会。而举行这种听证会

（事实上等同于对本案的重审）与行政总长应有的职能极不相匹配。因此，我觉得被告人很有可能会得到某种形式的赦免。如果能够这样处理，既不会损害法条的文字或精神，也不会变相鼓励任何人对法律的漠视，正义即得以伸张。

福斯特大法官的判词

我很震惊！首席大法官为了逃避因审判这个不幸的案件带来的困境，居然采取并向同事们提议了一个如此卑劣、如此明显的权宜之计！我认为，在本案中被审判的，不仅仅是这几个不幸的探险者的命运；同时被审判的，还有我们联邦的法律。如果本院认定，根据我们的法律这些人犯了罪，那么，无论本上诉案的当事人最终命运如何，我们的法律本身在常识的法庭中也犯了罪！如果我们宣称，我们维护和阐述的法律迫使我们得出一个连我们自己都感到羞愧的结论，并且只能寄希望于诉诸行政总长基于其个人意愿的特赦才能摆脱这一结论，那么在我看来，这无异于承认本联邦的法律甚至都不再假装披着正义的外衣了！

我本人并不认为我们的法律会迫使我们作出这些人是杀人犯这种骇人听闻的结论。相反，我认为我们的法律会宣告这些人无罪。我的结论基于两个独立的理由，其中的任何一个都足以证明被告人无罪。

第一个理由是基于一种假设，这个假设，除非对其进行透彻的研究，否则极易引起反对意见。我的观点是，本联邦的制定法或实证法，包括其所有的法条和先例，对本案均不适用；相反，本案应适用欧美古代学者所谓的“自然法则”（The Law Of Nature）。

该结论的基础是，我们的实证法建立于人们在社会中可以共存这一可能性之上。当突发事件使人们无法再共存时，构成我们所有先例与法条的条件就都不复存在了，而我们实证法的效力（Force）也随之消失。我们还不习惯把**“当立法根据不再存在，法律本身也不再存在”**（*Cessante Ratione Legis*，*Cessat Et Ipsa Lex*）这一法谚适用于我们所制定的全部法律，但是我相信在本案中应当适用这一法谚。

所有的实证法都基于人们和平共处的可能性，这一见解听起来有些奇怪，但不是因为其中所包含的真理奇怪，而仅仅因为这是一个如此明显、如此普遍，以至于我们很少有机会用言辞将其表达出来的真理。就像我们呼吸的空气，遍及我们周围的每个角落，直到突然失去了它，我们才会意识到它的存在。无论我们法律的各个分支所追求的特定目标分别是什么，经过思考可知，所有这些目标很显然都指向一个方向：帮助并改善人类共存的环境，公平公正地规范人们在共同生活中的关系。当人们可以共存的假定失去了真实性，正如在本案中这种明显极为特殊的、只有夺取他人性命才能延续自己生命的情况下，我们整个法律秩序的基础已经失去了意义和效力。

假如本案中的悲剧发生在我们联邦领土范围一英里之外的地方，那么，没有人会认为我们的法律适用于他们。我们是基于领土范围来承认管辖权，其理由并不明显，也很少被检验。我认为，该原则由这样一种假设所支撑，即只有当一群人在地球表面的某个特定领域范围内共同生活时，才有可能强加给他们一种统一的法律秩序。那么，人们应当在群体中共存的前提就构成了领土原则的基础，所有的法律都是如此。现在，我主张，某一案件可以从道义上不受某一法律命令的约束，正如某一案件可以因超出地理范围而不受某法律的约束一样。如果我们考虑法律与政府的目的，考虑我们实证法背后的基础，那么，这些人在作出关乎他们性命的决定之时，离我们的法律秩序非常遥远，就像他们在远离边境的千里之外一样。即便从物理意义来看，本案中他们的“地下牢笼”与法院和令状送达者之间被坚固的岩石分隔，只有耗费超乎寻常的时间和努力，才有可能将这些岩石移开。

因此，我的结论是，当罗杰·威特莫尔的生命被这些被告人终结之时，如果用19世纪作家古朴雅致的语言来描述，他们并非处于“文明社会”，而是处于一种“自然状态”。其后果是，适用于他们的法律不应是本联邦所颁布和确立的法律，而应是源于与他们所处的情形相适应的那些原则的法律。我毫不犹豫地认为，根据这些原则，他们无罪。

这些人的所作所为基于一份他们所有人都同意的契约，而且是首先由威特莫尔本人所提出。很显然，他们所处的极端特殊困境使得通常规范人与人之间相互关系的原则不再适用，鉴于此，他们有必要起草一个与他们所处情形相适应的新的“政府宪章”。他们也这么做了。

自古以来人们就承认，法律与政府最基本的原则源于契约或协议精神。古代思想家们，尤其在公元1600年到1900年之间，曾经认为政府自身是建立在一个假定的原始社会契约上。怀疑论者则指出，这一理论与已知的历史事实相悖，也没有科学证据支持这一观点，即从未有任何政府是以该理论所假定的方式所建立的。道德家们回应道，如果从历史的角度看契约纯属虚构，那么，契约或协议精神也为包括夺取他人性命在内的政府权力提供了唯一的伦理辩护。只有理性人为共同生活而建造新秩序时会同意并接受的政府权力，才能在道义上站得住脚。

幸运的是，我们国家并未遇到古人所遭受的困惑。我们知道，我们的政府是基于契约或人们的自主协议而建立的，这是历史事实。考古学的证据有力证明了，在“大螺旋”之后的第一个阶段，大屠杀的幸存者们自愿聚到一起，起草了一份政府宪章。有些别有用心的作者提出了一些问题，诸如这些久远的契约制定者是否有权约束未来的后代之类；但事实仍然是，我们的政府可以沿着一条未间断的链条往回追溯到最原始的宪章。

因此，如果绞刑施刑人有权终止他人的生命，如果治安警官有权把拖欠房租的租户赶出房门，如果警察有权把醉汉关进监狱，这些权力均可从我们祖先所订立的原始契约中找到道德上的正当理由。如果我们无法为我们的法律秩序找到更高的权力来源，那又怎能期望这些濒临饿死的不幸者们能为他们自己制定的秩序找到更高的权力来源呢？

我相信我刚才阐述的一系列论点没有任何理性的答案。我意识到，或许很多人在读这篇判词时会感觉不适，可能会怀疑我的论证中肯定隐藏着一些诡辩，才引导出这些大家不熟悉的结论。然而，我们很容易能找到这种让人不适的原因。

人类生存的一般条件会让我们认为人的生命具有绝对的价值，在任何情况下都不应被牺牲。然而，即便在适用于一般的社会关系时，这种观念的很多成分也是虚构的。我们所面临的这个案件也正好说明了这一点。十名工人在移开堵住洞口的岩石的过程中丧命。那些指挥救援的工程师和政府官员们难道不知道他们正在实施的救援是危险的，并且会对那些工人的生命造成严重威胁吗？如果牺牲救援团中十位成员的生命以救助五位被困探险者的生命是正当的，那凭什么认为那些探险者达成牺牲一人来挽救其他四人生命的契约就是错误的呢？

我们建设的每条高速公路、每条隧道、每栋大楼都会威胁生命安全。综合这些工程数据，我们可以精确计算出建造这些工程可能会导致的死亡人数。这些数据会告诉你，建设1000英里的四车道混凝土高速公路平均要死多少人。然而我们在知情的情况下依然主动选择承受并支付这些代价，是因为我们假设生存者所获得的价值超过了损失。如果这些可以被认可为社会运转中所发生的正常事情，那么，在这些被告人和他们的同伴威特莫尔所处的令人绝望的情形下，我们又怎么能主张所谓人类生命的绝对价值呢？以上是我结论依据的第一个理由。

我的第二个理由则是假定否认我到目前为止所叙述的所有前提。为辩论的需要，我暂且承认，我所说的“这些人所处的情况使他们脱离实证法的约束”这种说法是错误的，并且假定我们国家的《统一制定法》可以穿透500英尺厚的岩层，约束这些蜷缩在地下即将饿死的人。

当然，现在非常清楚的是，这些人的行为违反了法律条文的规定，该条文规定，“故意夺取他人性命者”是杀人犯。但是，有个谚语体现了一种最古老的法律智慧：**一个人可能违反了法条中的文字，却并未违反法律本身**。实证法的每个原则，无论是包含在制定法中还是包含在司法判例中，都需要根据其明显的目的进行合理解释。这是一个如此浅显的真理，以至于几乎没有必要赘述。这一真理适用于无数的实例，在法律的任何分支中都能找到。在“联邦诉斯泰莫尔案”（*Commonwealth v. Staymore*）中，被告人因一项“在某特定区域停车超过两小时者有罪”的法条而被判有罪。被告人曾试图把车开走，但是由于街道被一场他并未参与也无法提前预料的政治游行所堵塞，从而没能成功。本院推翻了他的有罪判决，尽管他的案子完全符合制定法的条文。此外，在“费乐诉尼格斯案”（*Fehler v. Neegas*）里需要解释的法条中，“不”这个词本来是要置于该法条最后也是最重要的一节，却很明显被放错了位置。这一错误在该法所有后续的版本中都有体现，这显然是法条的起草者和立法发起者的疏忽。没有人能够证实这一错误是怎么出现的，但是很显然，考虑该法条的整体内容，错误的确存在，因为最终条款的文字使得它与之前的所有内容，乃至法规序言中所载明的立法目的都不一致。本院拒绝根据该法条的文本进行字面解读，而是通过把“不”这个词放回其理应所处的位置，对法条文本进行了事实上的纠正。

摆在我们面前的法条从来都没有按字面意思适用过。几百年以前就确立过“自我防卫致人死亡无罪”的例外规则。法条的文字中没有任何地方隐含着这一例外规则。人们做了很多尝试，想要将法律对“自我防卫”的态度与法条的文字进行协调，但是在我看来，这些仅仅是一些巧妙的诡辩。真相是：对自我防卫有利的例外规则无法与法条文字相协调，而仅能与法条的目的相一致。

自我防卫例外规则与规定杀人有罪的法条文字之间真正的协调只能从下述推理中得出：任何刑法的主要目的之一是威慑人们不再犯罪。现在，很显然，如果法律认为自我防卫致人死亡是谋杀的话，那么，这样一个规则将无法起到威慑作用。无论法律如何规定，一个生命受到威胁的人都会反抗侵犯者。因此，根据刑事立法的宽泛目的，我们可以有把握地说，该法的初衷并非要将其适用于自我防卫的情况。

当自我防卫例外的原理可以被这样解释时，同样的推理也可以适用于本案。如果将来任何一群人也处于本案被告人所处的悲惨困境时，我们可以确定，他们在决定生与死时不会受我们刑法典规定的控制。相应地，如果我们明智地解读这个法条，该法条显然不适用于本案。将本案所涉情形从本法的适用范围中去除，与我们的先辈在数百年以前对自我防卫案件的做法异曲同工。

每当法院在分析立法目的之后，赋予法条条文的含义无法让未经深入研究法条及其目的的普通读者立刻理解时，总有一些人会疾呼司法篡权了。让我强调一下，本法院受联邦立法的约束，在行使权力时应符合议会代表们正当表达的意愿，对此观点我毫无保留地接受。上述推理并不会产生对任何已颁布法律是否忠诚的问题，尽管可能会提出一个明智的忠诚与不明智的忠诚之间的差别问题。没有哪个上司会要一个无法领会言外之意的仆从。再愚蠢的女佣也知道当女主人叫她“削掉汤羹皮并撇去土豆沫”的时候是言非所欲。同时，她还知道当主人告诉她“扔下手里的东西赶紧跑过来”时，主人并没想到她可能正在把落入雨水桶里的婴儿抱出来。

我们当然有权期待我们的司法部门具有同样的明智。**纠正明显的立法错误或疏忽并不是要取代立法意志，而是要使立法意志变得有效。**

鉴于此，我得出结论，无论从哪个方面来分析本案，这些被告人没有犯下谋杀罗杰·威特莫尔的罪行，有罪判决应当被推翻。

唐丁大法官的判词

为行使本人作为本院大法官的职责，我一般都能将自己的情感与理智区分开来，并完全基于理智判案。然而在面对本案中的悲剧时，我发现通常的才智不够用了。在情感方面，我既同情这些人的遭遇，同时也对他们所作出的可怕行为感到憎恶与反感。我曾经希望我能够将这些互相矛盾的情感当作无关紧要的问题放到一边，而基于我们的法律所要求的、有说服力且符合逻辑的结论进行判案。遗憾的是，我做不到。

我在分析福斯特大法官的判词时，发现其中充满了矛盾与谬误。让我们从他的第一个观点开始：这些人不应受我们的法律约束，因为他们并非处于“文明社会”，而是处于一种“自然状态”。我不明白为什么会得出这样的结论，是因为挡住他们出路的岩石太厚？还是因为他们饥饿难耐？抑或因为他们确立了一个“新的政府宪章”，且根据该宪章，通常的法律规则将被掷骰子所取代？当然，其他地方也是漏洞百出。如果这些人是从我们的法律管辖范围转到了“自然法则”的管辖范围，那么，这种转换是在哪一瞬间开始发生的？是在洞口被堵住的那一刹那，还是当饥饿的威胁达到某种程度之时，抑或当掷骰子的契约达成的那一刻？我的同事所提议的这一学说中的不确定性，可能会造成真实的困难。例如，假定其中一人在洞内度过了他的 21 岁生日。那么，我们应当认为他从哪天起达到了法定成年年龄呢？是从他年满 21 岁之时，也就是根据假定他被移除出我们的法律约束范围之时起，还是从当他被拯救出来再次受（我同事所谓的）“实证法”的约束之日起？这些难题听起来似乎都是空想，但它们正好揭示了造成这些难题的学说本身的空想性质。

不过没有必要进一步纠缠于细节来证明我同事观点之荒谬。福斯特先生和我都被任命为纽卡斯国联邦法院的法官，宣誓并被授权执行联邦法律。然而，有谁授权我们变身为一个“自然法庭”（Court Of Nature）了吗？如果这些人的确受自然法则的约束，我们解释和适用自然法则的权利又来自哪里？显然我们并非处于自然状态之中。

大家看看我的同事建议我们采纳为我们自己的法律，并适用于本案的这种自然法则的内容吧。这是一个多么杂乱无章和令人厌恶的法则啊！这个法与其说是基于谋杀，不如说是基于契约，因为这是允许人们通过订立一个有效契约授权其同伴吃掉自己的法则。不仅如此，根据这个法则，这样的契约一旦达成就不可撤销，如果其中一人试图退出契约，其他人就会把法律置于自己手中，并通过暴力强制执行这一契约——虽然我的同事对威特莫尔改变主意的效果轻描淡写地只字未提，这却是他的观点中自然隐含的含义。

我的同事所阐述的原则中还隐含着其他一些不可容忍的观点。他认为，当被告人袭击并杀死威特莫尔时（我们不知道他们是怎么做的，也许是用石头砸死他），他们只是在行使契约赋予他们的权利。然而，假定威特莫尔身上藏着一把左轮手枪，当他看到被告人要杀害他时，为自救而开枪打死他们。按照我同事的逻辑，威特莫尔就是杀人犯，因为自我防卫的豁免在此不能适用。如果他的袭击者在试图夺取他的性命时有正当理由，那么，他当然不能抗辩说他正在为保护自己的生命而防卫，正如一个被判死刑的囚犯，不能在行刑者合法地将绞索套上他的脖子时将其打倒在地，并以自我防卫来抗辩一样。

所有这些考量使得我本人无法接受福斯特第一部分的观点。我既无法接受他说的这些人受自然法则的约束，而本院有义务适用这些自然法则，也无法接受他认为包含在该法则内的那些可憎的反常规则。

现在看一下福斯特第二部分的观点，他在其中试图表明被告人并未违反纽卡斯国法典的第 12-A 条。这一点并不清晰，在我看来反而模糊不定，不过福斯特似乎并没有觉察到他的证明中存在固有的难点。

福斯特观点的要旨可以这样来描述：任何一部制定法，无论其法条表述如何，都不应以一种与其目的相悖的方式适用。任何刑事制定法的目的之一都是威慑。适用制定法将会使得本案中特定事实下的杀害他人成为一种犯罪，而这将与其目的相悖，因为谁都不可能相信，这样一部刑法可以对面临生死抉择的人有威慑作用。按照福斯特的理解，认为法条中包含这一例外的推理，与为提供自我防卫豁免而适用的例外情形相同。

从表面上看，这个证明似乎的确非常有说服力。事实上，福斯特对于自我防卫例外规则的解释得到了本院所作出的一项判决的支持，即“联邦诉柏利案”（*Commonwealth v. Parry*），我在研究本案时恰好遇到过这个先例。“联邦诉柏利案”往往被教科书和其后的法院判决所忽视，然而它的确毫不含糊地支持了福斯特对自我防卫例外规则的解释。

但是，当我更深入地研究福斯特的论证时，发现了很多困扰我的疑团，现在让我来简要介绍一下。的确，法律应当按照其目的来适用，并且刑事立法的目的之一被认为是威慑。然而问题是刑法还有其他目的。其中一个目的是为人类本能的报复需求提供一个有序的出口，见“联邦诉斯盖普案”（*Commonwealth v. Scape*）。刑法还有个目的是改造罪犯，见“联邦诉麦克奥威尔案”（*Commonwealth v. Makeover*）。还有人提出过其他理论。**假定我们必须根据法律的目的来解释某个法条，那么，当法律有许多目的，或者诸多目的之间存在争议时，我们该怎么办？**

另一个类似的难题是，尽管福斯特对自我防卫例外规则的解释有判例支持，但也有其他判例按照不同的原理解释这一免责规则。事实上，直到我恰巧遇到“联邦诉柏利案”之前，我从未听说过福斯特所给出的那种解释。我们法学院所讲授、也被历代法学院学生所记住的理论是：法律要求构成谋杀的行为必须具有“故意”。针对严重威胁自己生命的人进行反击，并不构成“故意”，而是一种深深根植于人性的冲动反应。我相信本联邦的律师很少有不熟悉这类推理的，尤其这一点是律师资格考试出题者们最喜欢考查的。

而刚才阐述的对自我防卫例外规则常见的解释，显然不能通过类比适用于本案的事实。这些人的行为不仅是“故意”的，而且经过了深思熟虑，在决定该怎么做时，他们讨论了好几个小时。我们再次来到了岔路口，一条推理之路指向一个方向，而另一条路的方向则恰恰相反。在本案中这一困境更为复杂，因为我们不得不将一种解释与另一种解释对立起来，前者已经被纳入本院曾作出的一个实际上并不为人所熟知的判例中，后者则构成了我们法学院所讲授的法律传统的一部分，但据我所知它从未在任何司法判例中被采纳过。

我承认福斯特所援引的有关“不”写错了位置和被告超时停车的先例，均与本案有相关性。但是，我们应当怎么处理福斯特再次轻易漏掉（只字未提）的、我们法理学中的标志性判例——“联邦诉冉阿让案”（*Commonwealth v. Valjean*）呢？虽然对该案的报道有些模糊，但其基本案情是，被告人被指控盗窃一条面包，但被告抗辩说他当时快要饿死了。法院拒绝接受这一抗辩理由。如果饥饿不能作为盗窃有益健康的天然食物的抗辩理由，那么又如何能作为杀害并吃掉他人的抗辩理由呢？并且，如果我们从威慑性的角度来看，一个人可能为了免于因盗窃面包而被判入狱宁愿选择饿死吗？福斯特的论证将会迫使我们推翻“联邦诉冉阿让案”，以及很多基于该案所形成的其他先例。

我还要重申，我难以确定把这些人定为谋杀罪不会起到威慑的效果。“杀人犯”这个词是如此令人耻辱，以至于我相信，如果这些人知道他们的行为将被法律视为谋杀的话，他们很有可能至少会等几天再执行他们的计划。在那段等待的时间里，也许会等到某些意想不到的救助。我知道，这种观点只能延缓杀人而不能阻绝。当然，相比于通常适用刑法的情况，威慑因素在本案中所起的作用的确更少。

在福斯特的提议中，要从法条中解读出一个例外规则来支持本案，还有一个更大的难题，而这一难题在他的判词中又是只字未提，那就是：这个例外规则的适用范围是什么？本案中这些人采取了掷骰子的方法，而受害人自己最初也是同意这个契约的。如果威特莫尔从一开始就拒绝参与这个计划，我们该如何判决？应该允许少数人服从多数人的决定吗？或者，假设他们根本就没有制定过什么计划，其他人只不过是合谋杀害了威特莫尔，并以因为他最虚弱来解释他们行为的正当性。或者再如，他们采取了不同的遴选方法，比如，其他人都是无神论者，坚持认为威特莫尔应当死，因为他是唯一一个相信死后有来生的人。类似的例子还有很多，但这足以说明福斯特的推理中包含了多少潜在的困境。

当然，经过思考，我意识到自己可能在担心一个永远不会出现的问题，因为不大可能再有一群人被迫重复本案中所发生的这种可怕行为。但是，再一思考，即便我们确定类似的情形不会再发生，我刚才给出的诸多例子难道不够表明，福斯特所提议的规则中缺乏任何一致性和合理性的原则吗？一个原则的合理性难道不应该是仅根据其必然导出的结论，无须参考未来的诉讼案件就能得到验证的吗？再者，如果必须如此，我们法院在为解决眼前的案件采取某一原则时，为什么总是要讨论该原则将来能否适用于其他案件这一问题呢？也就是说，最初并不合理的一种推理被先例所认可，于是我们也被允许甚至有义务适用该推理，是这种情况吗？

我越研究和思考本案，就越陷入其中无法自拔。我的思考被困在为了拯救自己而扔出的网中。我发现自己对于本案判决的每一种考量，几乎都被引导到相反方向的另一个考量所抵消。福斯特没有为我提供，我自己也没能找到任何思路能够解决在各个方面都困扰我的这些谜团。

我已经竭尽所能对本案进行了最全面的思考。自从开始审理本案，我就几乎没睡过觉。一方面，当我发现自己倾向于接受福斯特的观点时，又觉得他的论点在逻辑上并不完善，只不过是一种文饰而已。另一方面，当我倾向于支持有罪判决时，又被一种荒谬的感觉所击中，这些以牺牲了十位勇敢的工人为代价而拯救出来的生命，却又要被处以死刑。检察官认为应当指控他们犯有谋杀罪，我对此深感遗憾。如果我们的法条明确把“吃人肉”定为犯罪，那么，这个指控可能会更合适。如果根据本案的事实，对被告人没有其他更合适的指控，那么我认为根本不指控他们可能更为明智。然而遗憾的是，这些人已经被指控并被审判，因此我们被拖入了这一不幸的事件之中。

鉴于我已经完全无法摆脱本案中的法律难题给我带来的困扰，我很遗憾地作出一个在本院历史上从未有过的声明：我宣布退出对本案的裁判。

基恩大法官的判词

我想先把本法院无须考虑的两个问题整理出来放到一旁。

第一个问题是，如果有罪判决被维持，行政部门是否应当赦免这些被告人。根据我们的政府体制，这是一个由行政总长来决定的问题，而不是我们。因此，我不同意首席大法官判词中的那段暗示，这实际上是在指示行政总长对本案该如何行事，以及如果不遵从这些指示会有一些不当之处。这是对政府职能的混淆——而且司法部门最不应当犯这种错误。我想说的是，假如我是行政总长，我所做的将比他提出的请求中所建议的赦免更进一步。我会完全赦免这些被告人，因为我认为他们已经承受得够多了，足以弥补他们可能犯下的罪行。我希望大家能明白，这是我以私人公民的身份，因工作缘故偶然听到本案的事实以后所作出的评论。然而，在执行我作为法官的职责时，在形成我自己的判决意见时，我的职责既不是给行政总长发命令，也不是考虑他可以做什么或不可以做什么，我做决定的过程必须完全受本联邦法律的控制。

我想放到一旁的第二个问题是判断这些人做的事是“正确”还是“错误”，是“邪恶”还是“正当”。这个问题也与履行我的法官职责无关，因为我宣誓要适用的是本国的法律，而非道德观念。把这个问题放到一旁后，我认为我也有把握无须置评就可以把福斯特判决意见的第一部分，也是更有诗意的那一部分摒除掉。那一部分判词展开的论证中所包含的幻想成分，已经在唐丁严肃认真的判词中暴露无遗。

我们唯一需要决定的问题是这些被告人的所作所为，根据纽卡斯国法典第 12-A 条的规定，是否算作故意夺取罗杰·威特莫尔的性命。该法律的确切条文如下：“故意夺取他人性命者处以死刑。”现在我敢肯定，任何一个坦诚的、愿意以其普通含义理解这些字词的评论者，会马上承认这些被告人的确“故意夺取”了罗杰·威特莫尔的性命。

那么，本案所有的困难从何而来？有什么必要对如此明显的问题进行如此长篇累牍的讨论？无论这些困难以怎样痛苦的形式显现，都可以追溯到一个单一的来源，即没能将本案的法律层面与道德层面区别开来。坦白说，我的同事们不喜欢制定法要求判决这些被告人有罪这一事实，我也不喜欢。但是与我的同事们不同，我尊重职责所施加于我的义务，这种义务要求我在解释和适用本联邦法律时，将个人的喜好抛之脑后。

当然了，福斯特不会承认他是被自己对制定法的反感而驱使的。相反，他展开了令人熟悉的一系列论证。根据他的论证，法院可能会抛开法条的明确语言，而去探求并未包含在法条中的一种被叫作“目的”的东西，来为法院认为合适的结果提供依据。因为这是我与我的同事之间存在的老问题了，所以，在讨论他将该论证适用于本案事实之前，我想要谈一下这一问题的历史背景及其对法律与政府的普遍影响。

在本联邦曾经有一段时间，法官们事实上可以自由立法，我们都知道在那段时间，某些制定法几乎被司法部门彻底修改了。那时候被普遍接受的政治原则中，并没有明确指明政府不同分支的等级与功能。我们都知道这种不确定性在那场短暂的内战中所导致的悲剧，那场内战是因作为一方的司法部门，与作为另一方的行政和立法部门之间的冲突而爆发。这里不需要细数那些导致那种极为不堪的争权夺利的因素，尽管这些因素中包括议院（Chamber）代表性的缺乏，这是由于将国家划分为不再与实际人口分布相匹配的选区而导致的，以及当时的首席大法官个性刚强且广受追捧。那些日子已经离我们很远了，比起当时的不确定性，我们今天已经有了明确的原则，那就是我们政府的立法机关拥有最高权威。从这一原则出发，司法机关有义务忠实地执行制定法，不加个人喜好，也不按照我们个人对正义的理解，而只按照其明显的含义解释法律。我并不关心禁止司法机关对制定法进行修改是正确还是错误，是可取还是不可取；我只想说，这个原则已经成为支撑我们整个法律与政府秩序的一个不言而喻的前提，而我曾宣誓来执行这一秩序。

尽管立法至上原则在理论上已经被接受了数百年，但是顽固的职业传统和思维定式的力量如此强大，以致许多法官仍然无法适应新的秩序施加于他们的职能限制。福斯特正是其中一员，他对制定法的处理方式与生活在纪元3900年的法官一模一样。

对不受欢迎的立法进行司法改造的流程，我们都很熟悉。凡是接受福斯特大法官判词的人都有机会看到司法改造在法律的每个分支都在起作用。我个人对这一流程非常熟悉，以至于如果福斯特无法完成，我保证不需要任何提示就能替他写出一篇让他满意的修改意见，只需要知道将其适用于该案的效果是否如他所愿。

司法改造的过程只需要三个步骤。第一步是猜测出制定法所服务的单一“目的”。虽然一百部制定法中都未必有一部能有这种单一的“目的”，且几乎每部制定法的“目的”都可以被不同阶层的提案者们作出不同的解释，却还是要这样做。第二步是，在追求这个想象中的“目的”的过程中，找到一个被称之为“立法者”的神奇存在，立法者在工作中忽视了某些部分或者留下了漏洞，抑或有不完善之处。最后也是最令人神清气爽的那部分任务，当然就是填补这些漏洞了。**这就是所要完成的工作**（*Quod Erat Faciendum*）。

福斯特喜欢从制定法中寻找漏洞的爱好，让我想起一个古代作家讲过的一个人吃了一双鞋子的故事。在被问及鞋子好不好吃时，他回答说他最喜欢的是鞋子上的洞。这就是福斯特对制定法的感受：制定法中的漏洞越多，他越喜欢。简而言之，他不喜欢制定法。

没有什么案例能比本案更能说明这种填补漏洞程序的似是而非了。福斯特认为，他确切知道人们把谋杀定为犯罪时在寻求什么，那就是所谓的“威慑”。唐丁已经证明了这种解释忽视了多少东西。但是我认为麻烦不止于此。如果考虑词语的通常含义，我很怀疑制定法把谋杀定为犯罪是否真有一个“目的”。这样的制定法主要反映了一种人类深层次的信念，即谋杀是错误的，必须对谋杀别人的人做些什么。如果我们必须把此事说得更清楚一些，可能要求助于更加复杂的刑法学理论，而这些理论肯定不会是我们的制定法起草人当时所能想到的。我们或许还观察到，人们如果受到保护，不受暴力袭击的威胁，那么人们可以更有效率地工作，更幸福地生活。如果考虑到谋杀的受害者常常是些令人不快的人，我们或许会再提出一些建议：对那些害群之马的处置并不宜由私人机构进行，而应专属于国家。所有这些让我想起，有个律师曾经在本院辩论说，通过制定法对医生的行医资质进行许可是件好事，因为这样可以通过提高总体健康水平来降低人寿保险费率。这不过就是在对一些明摆着的事情进行过度解读。

如果我们不知道第 12-A 条的目的，我们又怎么可能说其中有“漏洞”呢？我们怎么知道该法条的起草人对为吃人而杀人这一问题的看法呢？唐丁法官在判词中透露出一种略有夸张、但可以理解的对吃人的厌恶。我们怎么知道他的远古祖先们没有对此事感到更高程度的厌恶呢？人类学家说，对一种被禁止的行为所产生的恐惧，有可能会因部落的生活条件特别容易诱发这种行为而加剧，正如在那些因村民之间的关系而最可能发生乱伦的地方，对乱伦的谴责会最严厉一样。显然，对于人类学家而言，大螺旋后期就是隐含着杀人诱惑的一个时期。也许正是这个原因，我们的祖先以一种如此宽泛和不加限制的形式表达了他们的禁止。当然所有这些都是猜想，不过，我和福斯特法官都不知道第 12-A 条的“目的”为何，这一点仍是非常清楚的。

与我上面这些表述类似的考量也适用于自我防卫例外规则，这在福斯特法官和唐丁法官的推理中占了很大比重。当然了，“联邦诉柏利案”的附带意见的确支持了这个例外规则，正是基于刑事立法的目的是威慑的假定。的确，历代法学院学生都被灌输了这一例外规则真正的解释是自我防卫者并非“故意”行事这一事实，并且这些学生重复着教授教给他们的东西通过了律师资格考试。当然，这一点我可以当作无关问题而不予理会，原因很简单，迄今为止没有人委托教授和律师资格考试的主考官参与立法。但是，我们再一次看到，真正的麻烦远不止如此。处理制定法时，就跟处理例外规则一样，问题不在于所推测的规则的**目的**，而是其适用**范围**。现在，自我防卫例外规则的适用范围，正如本院对该规则的适用一样，是显而易见的：它适用于为保护自己的生命而对攻击性的威胁进行反抗的情况。因此，很清楚的是，本案并不属于这一例外规则的范围，因为有一点很明显，威特莫尔没有对这几个被告人的生命构成威胁。

福斯特法官试图用合法的外衣来掩盖他对制定法的重新制定，然而很不幸，他的观点中最不讲理的地方，在唐丁法官的判词中暴露无遗。唐丁法官在他的判词中，坚定地把福斯特法官松散的道德主义与他自己对制定法的忠诚感结合在一起。这种斗争的结果只能是司法职责履行的完全失败，而事实也正是如此。你确实不能既按照一部制定法的条文去适用，同时又按照自己的愿望来篡改它。

现在我知道，我在本判词中展开的一系列推论，将不会被那些只看判决的眼前效果，却忽视司法部门承担赦免职责所带来的长远影响的人所接受。**一个艰难的判决从来就不是一个受人欢迎的判决**。在文学作品中，法官们总是以其诡异的能力而闻名，他们通过一些计策来剥夺诉讼一方的权利，从而让公众认为诉讼方主张那些权利是错误的。但是我相信，从长远来看，司法赦免比艰难的判决更有害。疑难案件甚至还存在一定的道德价值，可以让人们对于他们最终创设的法律承担起责任，并提醒他们没有个人恩典可以免除他们的代表所犯的错误。

事实上，我再多说一句，我前边所阐述的原则不仅最符合我们目前的情况，而且如果这些原则从一开始就得到遵守，那我们本可以从祖先那里继承一个更好的法律制度。例如，有关自我防卫的例外规则，如果我们的法院坚定地站在法律条文这一边，那么，结果无疑会是由立法部门对法律进行修订。这样一种修订会需要自然哲学家和心理学家予以协助，最终带来的立法将会有一个合情合理的基础，而不是基于司法部门和学者自说自话的形而上的大杂烩。

当然，这些结束语超出了我应履行的与本案相关的职责，将这些写在这里的原因是，我深深地感觉到我的同事们没能充分意识到，福斯特法官所主张的司法观念中所隐含的危险。

我的结论是维持有罪原判。

汉迪大法官的判词

一个如此简单的案子却引发了令人头疼的推理，真是让我大开眼界。我的同事们总能给需要他们解决的每个问题都披上隐晦而令人费解的法理外衣，他们的这种能力简直令我叹为观止。今天下午，我们业已学习了如何区分实证法与自然法、法条文字与法条目的、司法职能与行政职能、法官立法与立法机关立法等高深的学问。唯一令我失望的是，还没有人谈到在洞穴中谈判的法律性质——是单方允诺还是双方允诺，以及是否能认定威特莫尔在根据契约采取行动之前已经撤回他的要约这两个问题。

所有这些事情与本案有什么关系呢？摆在我们面前的问题其实是，我们作为政府机关的工作人员，应该如何处置这些被告人。这是一个涉及实践智慧的问题，不能在抽象理论的语境中探讨，而需要在人类社会的现实语境中进行判断。

按照这个思路，我认为本案其实是本院有史以来审理过的最容易裁判的一个案子。

在陈述我对本案的结论之前，我想先简单讨论一些更为基础性的问题，这些问题自从我加入本院以来，就一直和我的同事们存在分歧。

我从未能说服我的同事们相信，**政府是一个人造机构，并且人是被其他人所统治的，而非被纸面上的文字或者抽象的理论统治。当统治者们能够理解群众的感受和想法时，百姓就处于相对仁慈的统治之下；当这种理解匮乏时，百姓就处于比较糟糕的统治之中。**

在所有的政府分支机构中，司法机构最有可能失去与普通人的联系，原因不言而喻。民众一般都根据一些显著的特征对其所面临的情况作出反应，而我们法官则将呈现到眼前的情形进行方方面面的细致分解和推敲。双方都分别聘请律师来进行分析和解剖。法官和律师互相比赛，看谁能从一系列事实中发现最多的问题与区别。每一方都试图找到真实或想象的情形，以使对方的论证陷入困境。为了避免陷入窘境，人们创造并引入了更多更细的区分。当一系列事实在一个很长的时段里被以这种方式处理之后，所有的生命力与活力都消耗殆尽，只剩下一地鸡毛。

现在我意识到，只要存在规则和抽象的原则，律师们就能从中找出区别，从而不适用该规则和原则。在某种程度上，这是对人类事务进行统一规范时所必然附带的副作用。但是我认为，真正需要这种规范的领域其实并没有那么多。当然，如果要让游戏继续下去，必须接受几个基本的游戏规则，包括选举行为、官员任命，以及公职人员任职期限等规则。在我看来，对自主裁量权与赦免权的限制，对形式的追求，以及对什么应当或不应当受某项规则规范的计较，都至关重要。或许基本原则的领域还应当扩大，比如，那些为维持自由文明制度而设计的规则。

但是在这些领域之外，我认为所有的政府官员，包括法官在内，只有把形式与抽象概念作为工具来对待时，才能更好地履行他们的职责。我认为，我们应当以好的行政人员为榜样，他们会根据手头的案子灵活适用程序与原则，选择最合适的形式以达到最合适的结果。

这种管理方法最明显的优点是，它允许我们以效率和常识来处理我们的日常事务。不过，我坚持这种观点还有更深层次的理由。如果想要使我们的行动与那些受我们规则制约的人的认识保持合理的一致，我认为只有凭借这种理论赋予的洞察力，我们才能保持必要的灵活性。相较于从历史中总结出来的其他因素而言，政府的失败与人类的痛苦更多地源于统治者与被统治者之间缺乏一致。**一旦人民与那些指导他们法律、政治和经济生活的管理者之间滋生了嫌隙，我们的社会就会遭到破坏。那么，福斯特的自然法则或者基恩对制定法的忠诚也都毫无用处了。**

现在，当把这些观念适用于我们这个案子时，如前所述，其判决就变得异常容易。但为了证明这一点，我必须把我的同事们遮遮掩掩、避而不谈的某些现实情况给大家做个介绍。其实，他们和我一样，已经敏锐地觉察到这些事实。

本案已经激起了国内外公众的极大兴趣。几乎每份报纸和杂志都刊登了关于该案的文章；专栏作家向读者们透露有关政府下一步做法的机密信息；数百封读者来信被刊登出来。一家大型报业集团针对这个问题发起了民意调查："你们认为最高法院应该怎样处理那些洞穴探险者？"几乎 90% 的调查对象都认为被告人应当被赦免，或者只受到名义上的惩罚。公众对本案的看法已经十分清楚了。当然，我们其实并不需要民意调查，仅仅通过常识，或者仅仅通过观察到本法庭中明显有超过四个人，或者说九成的人与公众观点一致，就能知道这个结果。

因此，如果要保持我们自己与公众观点之间合理且得体的一致，我们应该做什么以及必须做什么都显而易见。宣布这些人无罪，不会让我们卷入任何不光彩的狡辩或诡计中，不需要用到任何与本院过去的实践不一致的法条解释原则。当然，也不会有任何一个非专业人士会认为，赦免这些人的过程中对法条所做的延伸，将比我们的祖先创设自我防卫例外规则时所做的更加过分。如果要更详细地证明我们的判决与法条相协调的话，我认为福斯特法官判词的第二部分，也就是相对少些幻想成分的那部分判词中所展开的论点就足够了。

我知道，提出本院应当采纳公众意见的建议，会把我的同事们吓坏的。他们会说公众意见是情绪化的、反复无常的，基于真假参半的事实，并且公众会听信那些未被交叉质询过的证人证言。他们会告诉你，法律为这样一个案件的审判提供了精心的保障，以确保真相被发现，且相关问题的每一种合理考量都会被考虑到。他们会提出警告，如果允许法律框架之外的任何公众意见影响到我们的判决，那么，所有这些保障都将化为乌有。

但是让我们坦率地看一下刑法执行的现实情况吧。当一个人被指控犯罪时，一般而言，他可能有四种方式逃脱惩罚。第一种是法官认为根据现行法律，他没有犯罪。这当然是通过一种相当正式和抽象的程序中所作出的判决。其他三种方式包括：（1）检察官决定不起诉；（2）陪审团作出无罪判决；（3）行政长官赦免或减刑。有谁能保证这些决定都是在一个严格且正式的框架下作出的，这个框架既可以防止事实错误，排除感情和个人因素，还能保障法律的所有形式都被遵守呢？

在陪审团参与的审判中，我们的确试图让他们在法律相关的范围内进行审议，但是如果我们认为这种意图真正得到了实现的话，那就是在自欺欺人。按照通常情形，现在摆在我们面前的案子应当带着所有的问题被直接交给陪审团。如果这样做了，我们可以相信结果会是无罪释放，或者至少因陪审员之间达不成一致意见，从而无法作出有罪判决。如果法官指示陪审团说，这些人的饥饿及他们之间的契约不能作为杀人的抗辩理由，陪审团的判决仍然很可能忽视这个指示，他们对法律文本语言的曲解可能比我们还要多。当然，本案中这种情况没有发生，唯一原因是：本案陪审团的团长恰好是一名律师，这种情况相当偶然。他的学识让他能够设计出一些文字策略，以使陪审团逃避其通常的职责。

唐丁法官对于检察官实际上没有决定不起诉非常恼火。尽管他本人在遵守法律理论的要求方面非常严格，他也很希望这些人的命运在法庭之外就由检察官基于常识而决定。另一方面，首席大法官则希望把常识推迟到最后再考虑，虽然与唐丁一样，他也不想在里面加入个人因素。

接下来是我的结论，它与行政赦免有关。在直接讨论这一话题之前，我要分享一下对民意调查的一点观察。如前所述，90%的人都希望最高法院完全赦免那些人，或者仅仅给他们一些名义上的惩罚。另外10%则是由各式各样稀奇古怪的人构成的群体，其中每个人的观点都很离经叛道。我们有一位大学教授曾对这个群体做了些研究，发现其成员有着某些共同的特点。

他们中的多数人都订阅了一些发行量少且内容古怪的报纸，这些报纸都对本案的事实进行了扭曲而失真的报道。有些人认为“洞穴探险者协会”这个词意味着“食人族”，而这个群体的信条就是吃人。然而，我想说的是：尽管在这个群体中可以找到几乎每一种观点的存在，但是据我所知，没有任何一个人——即便是90%的多数人群体中也没有任何一个人说过：“我认为可以让法院判处这些人绞刑，然后让政府的另一个分支来赦免他们。”

然而，这个解决方法却或多或少主导着我们的讨论，并且我们的首席大法官也如此建议，认为这样做既可以避免作出不正义的决定，同时又可以维护对法律的尊重。他大可放心，如果他想维护大家的士气的话，他也只能维护他自己的，因为那些公众对他的区分一无所知。我提到这一点是因为我希望再次强调，我们可能会迷失在我们自己的思维模式中，而完全忘记这些模式对外面的真实世界经常毫无影响。

现在我将谈到本案最关键的事实，一个本院所有法官都知道的事实，尽管我的同事们认为应该把这个事实藏在法袍之下。这个令人恐惧的可能性就是，如果我们把皮球踢给行政总长，他有可能拒绝给这些人赦免或减刑。众所周知，我们的行政总长是一位长者，年事已高且思想僵化。公众的喧扰通常对他只能起到反作用。我已经告诉过我的同事们，我太太的侄子恰巧是行政总长的秘书的好友。通过这种间接但完全可靠的消息来源，我了解到他已经作出决定，如果这些人被判违反了法律的话，他肯定不会减刑。

对于把如此重要的一件事建立在这种可以称之为“八卦”的信息之上，没有人会比我感到更遗憾。如果按照我的做事方法，这是不可能发生的，我会采取更加合理的行动，与行政总长坐下来，与他一起研究这个案子，搞清楚他的观点，或许还可以和他一起讨论出一个处理这种情况的通用方案。当然，我的同事们恐怕是从未听说这种事情。

他们对于直接获得精确信息的顾虑，阻止不了他们对间接信息的担忧。他们都清楚了解我刚才说的情况，这也解释了为什么通常一直作为端庄稳重楷模的首席大法官，在他的判词中居然认为可以当着行政总长的面、拍着他的法袍，威胁后者如果不给被告人减刑的话将会被革职。我觉得这也解释了福斯特法官超乎寻常的“悬浮大法”，能将压迫在这些被告人肩膀上的所有法律书轻松移开。这还解释了为什么就连遵守法律条文的基恩法官也模仿古代喜剧片中的骑墙派(PoohBah)，到舞台的另一边“以个体公民的身份”对行政总长喊话。(我顺便说一句，基恩作为个体公民的建议将会出现在由纳税人付钱印制的本院判例集中。)

必须坦白，随着年龄的增长，我越来越对人们拒绝将常识适用于法律与政府等问题中感到困惑，而这个真正悲剧性的案子更加深了我的气馁与沮丧。我只希望能够说服我的同事们接受这一原则中的智慧，我自就职为法官之日起就开始适用它。事实上，就像一个令人悲哀的轮回，我在芬利县(Fanleigh)的初审法院担任法官时审理的第一个案子，就遇到过本案中出现的这些问题。

一个教派解除了一位牧师的神职，因为他们说这个牧师转信了敌对教派的观点和做法。牧师四处分发传单，指控那些解除他职务的人。教派的某些非神职人员召集了一个公众会议，会上他们提出要解释教会的立场。这位牧师也参加了这次会议。有人说他是乔装打扮，趁人不注意偷偷溜进去的，他自己作证说是作为公众的一员正大光明走进去的。不管怎么说，当发言开始后，他打断了一些有关教会事务的问题，并为自己的观点进行辩护。结果听众中的一些人把他痛打一顿，致使他全身受伤，包括下巴骨折。他针对资助这次会议的协会以及十个他声称殴打他的人提起诉讼，要求损害赔偿。

审判开始后，在我初看来，案件似乎非常复杂。律师提出了一大堆法律问题。有些是有关证据是否应当被采信的简单问题，而有些则是关于起诉协会的难题：牧师是个擅自闯入者还是一个有权进入者？作为法官新手，我迫切想要把在法学院学到的知识运用起来，于是开始认真研究这些问题，阅读所有的立法与权威判例，并准备写有理有据的判决书。在研究案情时，我越来越纠缠于法律方面的错综复杂，而开始陷入一种类似于唐丁法官在本案中的那种状态。然而，忽然之间我恍然大悟，所有这些令人困惑的问题其实都与本案无关，我开始依据常识来审视这个案子。于是我马上找到了一个新的角度，我其实只需要基于证据不足就能直接作出一个对被告人有利的判决。

我之所以作出这个结论是出于以下考虑：导致原告受伤的那场混战是一个混乱的场景，有人试图进入骚乱的中心，而其他人试图从那里离开；有人袭击原告，也有人显然是想保护他。如果要搞清楚事情的真相，恐怕要费好几个星期的时间。我觉得在我们联邦里，没有哪个骨折的下巴值得如此费时费力。（顺便说一句，牧师的伤那时已经痊愈了，没有毁容，身体正常机能也没有受到影响。）此外，我很强烈地感觉到原告很大程度上是自作自受，因为他明知大家对此事群情激昂，而他也很容易找到另外一个场合来表达他的观点。我的判决得到了媒体和公众的广泛支持，他们都不能容忍被开除的牧师试图维护自己的观点和做法。

现在，三十年之后，托一个雄心勃勃的检察官和一个恪守法律的陪审团团长的福，我再次遇到了一个与那个案子所涉及的实质问题极为相似的案子。世界似乎并未发生太大的变化，只不过这次的问题不是关于 500 或 600 弗雷拉赔偿金的判决，而是事关四个人的生与死，他们所遭受的折磨与屈辱，比我们大多数人在一千年里可能遭受的还要多。

我的结论是被告人并未犯下所指控的罪名，应推翻有罪判决与量刑。

最后判决

唐丁大法官的补充意见：

首席大法官问我，在听了前面两位的判词之后，是否重新考虑我之前所采取的立场。我希望重申一下，在听了这些判词之后，我的观点更加坚定，即我不应该参与本案的判决。

因为最高法院大法官们意见不一，且无法取得多数表决，因此初审法院的判决与判刑被维持。兹命令，行刑期定于纪元 4300 年 4 月 2 日星期五的早上 6 点，公共施刑官届时将把绞索套上每个被告人的脖子，干净利落地把他们绞死。

附言

虽然法院已经宣布了判决，但仍有必要提醒那些困惑于本案日期选择的读者，纪元 4300 年距我们现在的时间，大致等于伯里克利时期到现在的时间。很明显，“洞穴奇案”本身并无意成为一个讽刺作品，也不是任何一般意义上的预言。至于以首席大法官特鲁派尼为首的大法官们，以及他们所判的案子的事实与先例全都是虚构的。对于那些不相信这一点的读者，以及那些试图追寻我从未打算有所关联的案件，并试图对号入座的读者，我只能表示，不要再自娱自乐，这可能导致他们错过纽卡斯国最高法院的判词中所包含的朴素道理。

编写本案的唯一目的，是把一些有关法律与政府的不同哲学呈现给大家。在柏拉图和亚里士多德时代，这些哲学就向人类抛出了有关选择的现实问题，对我们这个时代的人而言仍然如此。如果说本案中包含了任何预言的成分，那也不过是因为，这其中所涉及的问题都属于人类永恒的难题。

第二部分

再审洞穴奇案

The Case Of The Speluncean Explorers：Revisited

亚历克斯·柯辛斯基

凯斯·桑斯坦

罗宾·韦斯特

艾伦·德肖维茨

弗兰克·伊斯特布鲁克

保罗·巴特勒

柯辛斯基大法官* 的判词

士师（Judges）秉政时，那地出现了饥荒。

——《路得记》1：1

下级法院判定被告有罪的依据是纽卡斯国法典的第12-A条。这一条的语言再清楚不过："故意夺取他人性命者处以死刑。"这十三个字清清楚楚，明明白白，无须深入解释，无须费力判断。（如果这一条包含任何模棱两可的词语，例如"是"、"仅仅"或者"发生性行为"，情况自然大不相同——因为对这几个词语的理解，每个人都见仁见智。然而幸运的是，第12-A条没有用任何模棱两可的词语。）因此，本案中所谓对法条的解释，更确切地说，只不过是对法条的

* 柯辛斯基大法官系美国联邦第九巡回上诉法院法官。柯辛斯基法官对洞穴探险不感兴趣，他喜欢温和的运动，例如滑雪、蹦极，以及彩弹球游戏等。

理解（Reading）而已。任何一个尽责的法官都没有其他选择，只能按照立法者订立的法律来适用它。

正如陪审团所认定的，罗杰·威特莫尔并非死于疾病、饥饿或事故，而是被四名被告人所杀害。并且，他并非在事故中或者因被告之过失而被杀害，而是被蓄意谋杀。没错，被告们在杀害他之前曾考虑了很久，决定做得也很艰难，甚至还咨询过洞穴外的医生和顾问。但我们已经宣过誓要遵守纽卡斯国的法律，而根据纽卡斯国的法律，我们必须维持被告有罪的判决。

被告认为这一结果不公正，要求我们考虑一下当时既困难而又非同寻常的情形，希望能对他们网开一面。他们声称，我们之中最良善之人处于当时的情形下，也会做出同样的事情，为此而受到惩罚实属违反常情而且虚伪。这些论点好是好，可惜选错了听众。

我国历史上曾有一段普通法（Common Law）时代，那时的法官不仅“释法”，还在实际“造法”。在普通法时代，立法者很少开会立法，法条也很稀少，就靠法官根据个案来造法。一个案子所创设的规则，在适用于一个意料之外的案情时，可能会出现荒谬的结果。此时，法官再通过他们的常识——即正义感——在考量新的案情之后，对旧的规则进行修正。根据普通法，正义就是为取得合理的结果而对一个严苛的规则进行修正。

然而，我们并非普通法时代的法官，我们是制定法时代的法官。对我们而言，**正义意味着严格按书面文字适用立法者制定的法律**。与普通法时代的法官不同，**我们无权改变法律以满足我们的是非观**。一位睿智的法官曾经说过："法官对一个出人意料的严苛规则感觉不适，并不足以构成修改这一规则的理由。"［第七巡回上诉法院的伊斯特布鲁克法官于1988年在*United States v. Fountain*（840 F. 2d 509，519）一案中的判词］我们也可能同情被告——如果不是因为有上帝的恩典，我们中的任何人也可能处于和他们相同的境地——但这种同情并未给我们任何权力忽视纽卡斯国的人民在他们合法通过的法律中所表达出来的意愿。（当然，除非这部法律违反了纽卡斯国的宪法——然而这部法律并未违宪。）

本案正说明了正义这个概念太难捉摸，因此不能留给法官来决定。我们面前站着令人同情的被告，他们有巧舌如簧的律师为他们辩护，说他们除了杀掉威特莫尔别无他法。辩护律师说："假如他们除了吃人之外别无选择，那么，你们就必须宣判他们无罪。"现实则更加难以确定。当时，被告们得知他们还需要十天才能获救，而他们"几乎没有可能"

活到那一天（见首席大法官特鲁派尼的判词），注意，是“几乎没有可能”而不是“没有可能”。人体的潜力之大，往往令人吃惊。例如，在20世纪末期的美国，有位昏睡不醒的凯伦·安·昆兰（Karen Ann Quinlan）完全靠生命维持系统存活，医生断言一旦该系统停止运行，她会立即死亡。然而，在生命维持系统停止运行后，她却又活了九年。[见1988年密苏里州的 *Cruzan v. Harmon* 案（760 S. W. 2d 408，413 & n. 6），此案于1990年由美国联邦最高法院维持原判。]

假如被告们没有杀掉威特莫尔，也许每个人仍然会活下来。即使不是每个人都能撑到获救的那天，那么，总有一个人会先死，那位不幸先死之人的遗体就可以供其他人食用。威特莫尔本人似乎认为，他们再撑一个礼拜应该没有问题；为什么其他人就这么急于杀戮呢？在这种情况下蓄意杀人是否构成刑事犯罪，是一个难题。这一问题必须基于整个社会共同体的良心来回答，而这个良心，比起由六名未经选举就任命、事实上又不能被免职的法官来决定，还是由纽卡斯国国会的535名议员决定更加合适。

被告还辩称，纽卡斯国的立法者在立法时一定没考虑他们这种情形，所以法律规定并不全面。然而，本案的被告并不是第一批面临这种困境的人。两千多年前的1884年，英国女王法庭审理的“女王诉杜德利与斯蒂芬案”［*Regina v. Dudley And Stephens*（14 Q. B. D. 273）］就提出了完全相同的问题，而1842年的美国宾夕法尼亚州法院也在“美国诉霍尔姆斯案”［*United States v. Holmes*（26 F. Cas. 360（C. C. E. D. Pa. 1842）］中处理了一个极其相似的情况。这些不幸的事件时不时就会发生，我们必须推定，立法者已经意识到了这些情况，然而，他们选择不对这些事件网开一面。

即使立法者在立法时有考虑这种情形，结果也不会有什么不同。我们不能仅仅因为认为国会只要想到了这一点，就肯定会制定不同的法律，因此就忽视或夸大立法者的用词。下个礼拜我们或许会遇到一个被告因为杀死自己的狗而被判处死刑的案子。那么，如果当事人试图说服我们：只要国会当时想到了这一点，就肯定会把杀狗定为死罪，我们能就此维持死刑原判吗？当然不能。

如果判处被告死刑是不公正的，会冒犯整个社会的观念，那也只能由政府部门提供补救，因为他们更能判断社会的需求。被告声称他们得到了人民的广泛支持，然而奇怪的是，民选的政府官员却对他们的请求置若罔闻。纽卡斯国的国会——现在几乎天天开会——完全可以修订第12-A条，为被告的案子作出例外规定。一旦作出例外规定，就可以明确适用于被告，因为纽卡斯国的宪法中没有任何反追溯法令或者剥夺公权条款（Bill Of Attainder）。那样的话，检察总长可以选择免予起诉，或者只控告他们犯有较轻的罪行。大陪审团——有时被称为“社会良心”——就可以拒绝起诉。小陪审团也可以行使其权力，如果认为对被告判刑将会违背他们集体的良心，则可以作出无罪裁决。[见 Paul Butler, *Racially Based Jury Nullification: Black Power In The Criminal Justice System*, 105 Yale L. J. 677, 700-01（1995）]。正义要求这些政府官员有所作为，如果我们假装自己比这些政府官员知道得更多，我们就太傲慢了。政治程序也许会拯救这些被告，也许不会。然而，假如被告认为将现有的法律适用于他们的案子会带来不公正的结果，他们必须向政治圈寻求救济。**作为法官，我们服务于正义的方式是按照文本上的含义去适用法律。**

* * *

我的分析到此为止，但我想借机评论一下我的同事们所表达的观点。有些人，如伊斯特布鲁克和桑斯坦大法官，认为法官有权给法条增加例外和抗辩理由，他们的根据是如果从文字表面理解第12-A条，也会给警察、执法者和其他自我防卫者的故意杀人行为定罪。这种观点假定针对故意杀人罪的法律只有第12-A条，而这个假定当然是错误的。在法条体系中，谋杀的定义是在第12-A条中，而其他条款则界定了正当的杀人，例如法律授权或自我防卫（远古的例子早在20世纪就有，包括加利福尼亚州刑法第196—197条的规定，纽约州刑法第35.05条的规定），以及在合法的行为中因事故或不幸而导致的杀害（也是20世纪的一个例子：加利福尼亚州刑法第195条的规定）。被告没有引证法律中其他针对合法的或正当防卫的条款，无疑是因为那些条款并不适用于本案。但这并不意味着那些条款不存在，也不意味着立法者授权法官们在感觉有需求时可以任意剪裁法条。

伊斯特布鲁克大法官的话也许可以更好地说明这种思路的愚蠢之处，他在确定杀人是否正当时，主要基于一个简单的计算：如果救活的生命多于被害的生命，那么，杀人就是正当的。然而，正如韦斯特大法官巧妙的证明，在很多情况下，我们都可以为杀人找到理由，征人捐献器官就是一例。伊斯特布鲁克大法官为他的结论提供了一个“协商”原理——他推断说：洞穴探险者宁愿在一个“必要时可以牺牲一人救助大家”的前提下进洞，也不愿意在所有人都会饿死的前提下进洞。人们可以很容易在器官捐献的情况下假定这样一个协商的存在：任何一个五人小组（其中一人是健康人，其他四人需要健康人的器官）都可能达成协议，在所有人都还健康时，器官可以用来救助他人的那个人可以被牺牲掉。根据伊斯特布鲁克大法官的理论，需要器官移植的四个人抓住第五个人，并将其器官瓜分就是合理的。

本案中的当事人的确进行了协商，但是没能达成一致意见，因为威特莫尔拒绝继续参与他们的约定；他，至少在当时，认为在五个人中杀死一人且将其分食的行为，比起其他选择来说更加不好。伊斯特布鲁克法官却拒绝接受这个实际存在的协商，而倾向于一个假想的协商，想象探险者们在面临一个遥远和假想的风险时将会如何作出决定，其结果完全基于他个人的偏好。而他这样做，并未给出令人信服的理由。当死亡即将降临且危险非常具体时，人们将会达成什么样的契约？相比伊斯特布鲁克大法官的沉思而言，当事人在恐惧中实际进行的协商肯定更有代表性。这正是法官为了坚持一个理想化的理论而不顾实际情况的一个例子。这种情况比我想说的任何话都更能证明让学者担任法官存在的风险。

我更倾向于桑斯坦所持的观点，尽管他阐明要点之前非常犹豫。不像伊斯特布鲁克大法官只是根据想象随意地比较了生与死，桑斯坦大法官至少宣布了一个约束性的原则：当法条明确时，只有在一种情况下我们才可以忽视法条的文本含义，即适用法条会得出荒谬的结果。他的结论很正确：把第 12-A 条适用于本案并不会得出荒谬的结果。尽管桑斯坦大法官把本案的分析弄得过于艰涩，我还是同意他判词中的第二部分和第三部分，因为这两部分表达了一个可行的法律原则，该原则相对客观，不需要过度地依赖于适用法律的法官的价值体系。

对于德邦克法官，我不知该怎么说。除了她是一位无神论的异教徒——直到弥赛亚到来之前，她都会一直承受地狱的煎熬（如果我们继续写这样的判词，我相信过不了多久，弥赛亚就真的会到来）。她的理论实在是太奇怪了。根据我的理解，她认为被告行事合法，因为法律没有明确禁止在这种情况下杀人并分食之。德邦克法官告诉我们说：仅仅一般性地“禁止故意杀人”并不够，立法者必须在法条中特定地禁止这种行为才行。问题是立法者也没有特定禁止星期二杀人，特定禁止为取得他人的器官而杀人，或者特定禁止一个只有当看到伴侣死亡才能达到性愉悦的人杀人。立法者也没有颁布特定的法律禁止偷富人的东西接济穷人，尽管从罗宾汉时代（来自罗宾汉的故事）和金发姑娘时代（来自金发姑娘与三只熊的童话）以来，很多人认为这是正当的。

假如德邦克大法官的理由变成这个国家的法律，立法者就得把所有的时间都用来重新制定已经颁布的每一部法律，并且说：是的，我们当初制定这部法律，就是为了适用于这种或那种特定的情况。那么，谁又能判断哪种特殊情况需要特定的立法行动呢？在案子上诉到我们法院之前，立法者不会知道某一特定情形是否已经被一般性原则所囊括，或者还需要增加某个特定的禁止条款——如果没有，那么不当行为就会忽然变成合法行为。

这还不是唯一的危险。一旦立法者被迫抛弃一般法条而支持特定的禁止性法条，如何处理法条与法条之间的间隙就成了问题。如果法条不是禁止盗窃财产，而是禁止盗窃货币、盗窃金银和盗窃可流通证券，那么，当某人偷了一种没有被任何一种具体的禁止条款所禁止的东西，比如古董克鲁格金币，该怎么办？被告会说：法无禁止即可为。即便克鲁格金币从哪个方面看都和金银、货币类似，然而将后面两种列出，就意味着第一种是被有意省略的。当然，必须允许立法者宣布某一类有共性的邪恶行为不合法，然后在必要时创设具体的例外。德邦克大法官的体系很快就会陷入这种混乱局面：请得起一伙聪明律师的一方，将会侥幸逃脱谋杀的罪名。

至于韦斯特法官的观点，除了有两点保留意见外，我基本上同意。不过，这两个保留意见非常重要。尽管她所说的法律必须平等适用这一点，我大部分都同意——也同意她敏锐的观察，即从犯罪被害人的角度看，不对某些犯罪提起公诉是对他们的一种歧视，但是我觉得她走得太远。韦斯特大法官的判词清楚地表明，我们的立法者不可能颁布一部法律，授权人们在本案的情形下杀害威特莫尔，因为这样做就是在威特莫尔死后，剥夺其受法律平等保护的权利。可以推定，她认为如果检察总长不对被告提起公诉，或者如果行政总长给予被告特赦，那就是对平等保护的一种拒斥，因为这种作为或不作为将会拒绝给予威特莫尔们（以及未来的威特莫尔们）最需要的法律保护。

对此我不能同意。正如我前边所说过的，我认为立法者完全可以恰当地得出结论，认为本案中被告的行为不是刑事犯罪——事实上我们仍然可以这样做。我不认为这就等同于取消平等保护；这仅仅是对权利和义务的调整，来反映相互冲突的价值。因为正如桑斯坦大法官所揭示的，这并不是一个荒谬的（我或许可以加上“不公平的”）选择，我会将它留给立法者来决定。如果立法者为一个普遍适用的法律制定了一个完全非理性或者不合理的例外规则，例如将在贫困社区的谋杀或盗窃视为合法，那对我而言就不一样了。

我对韦斯特大法官判词的另一个保留意见，当然是有关她对案件的量刑了。关于量刑，尤其是死刑，是否必须以贯彻减轻原则，给予被告人以“慈悲正义”为条件，我不需要详述我们的立场争议。我发现我更困扰于她所采纳的救济——即将案件发回原审法院，针对减轻刑罚部分进行重审。假如有这样一场重审的话，将会发生什么？可以想象，被告们会试图劝说法官或陪审团不要判处他们死刑。一旦他们成功了呢？根据我们的法律规定，违反了第 12-A 条，只有死刑这一种法定刑罚。如果法官被成功地说服，认为在本案中适用死刑太过严苛，那么，他们能怎么办呢？法官可以判处其它更合适的刑罚吗？例如鞭笞、把耳朵钉到颈首架上、社区服务、截肢或者流放？我的同事们也许认为，法官或陪审团可以判被告入狱。但我也不觉得跟上面列举的惩罚相比，我们有权判处他们有期徒刑。法律对故意杀人这种犯罪只规定了一种惩罚措施，即死刑，而不是有期徒刑。如果陪审团认为应该判有期徒刑，我们便只能把被告们释放，因为我们没有任何权力可以把他们关押起来。

对于“最蠢女佣大法官”的判词，我能说什么呢？她已经退回到她特定场合才使用的“其他声音”的分析方法中去了。尽管我发现她的方法非常新颖，并希望我们其他人能有勇气和想象力来摒弃“鉴于”“故此”等文绉绉的语言，而使用其他更通俗的论述方法，但最终我认为，她甚至在用词上都犯了错误。如果我对“最蠢女佣大法官”的思路理解正确的话，她是要投票推翻原审的有罪判决，因为她并不认为她受第12-A条的约束，因为她认为根本没有法律规则这么一个东西——用她的话说，“法律经常被以各种方式进行论辩，但就是高尚不了”。因此她用道德感来取代法官审判此案。

然而，“最蠢女佣大法官”也承认“法律规则的存在也许会有用”，且“佣人比主人更加需要法律规则”。然而，她并未借此宣布法律规则该如何适用于本案，或者试图劝说法院的大部分法官来这么做。相反，她执迷于她眼中的法律规则的缺位，而以一种原始状态来行使司法权力。

这太糟糕了！如果能听“最蠢女佣大法官”阐明一个公平和中立的法律如何可能适用于本案，或许会有帮助。她给的暗示吊足了人们的胃口，却不肯说下去，让我们干着急。例如，她观察到洞穴探险者的活动导致对资源的极大消耗，并造成十位救助者的死亡。她说被告应当为这些人的死亡负责。这也许是对的，然而，“最蠢女佣大法官”还没把这个想法带入一个符合逻辑的结论中就把它放弃了。我不明白为什么。被告毕竟被判犯了谋杀罪。这一定罪是基于审判中所发现的事实，包括死了十个救助者这一信息。由于“最蠢女佣大法官”不再把法条作为判决的指南，相反，是用她自己的道德感作为指南，她完全可能基于被告导致救助者死亡而维持下级法院对被告的定罪。

这一分析可以顺着“最蠢女佣大法官”的判词得出。她首先应当问被告的所作所为是否应该受到道德上的谴责。我推测她会说：是的，被告进了洞穴，把自己暴露到危险之中，完全知道如果他们遇到麻烦，人们将会花极大的努力去营救他们——浪费了宝贵的资源并把救援者的生命置于危险之中。正如卡多佐（Cardozo）法官很久以前所说：“救援伴随危险而来。”

其次，“最蠢女佣大法官”将会考察威慑性。我敢打赌，如果这些被告因救援者的死亡而被判犯有谋杀罪，那么，将会让未来的亿万富翁反复考虑，是否会把他们的生命交给热气球或者其他类似的运动。至于预防继续犯罪，我们无须担忧其他亿万富翁还会去做同样的事情。至于矫正方面，死刑也许不会达到这一目的，但是四个目的，能达到三个也不错。

当然，还有些空白需要填补，例如没有人指控被告杀害了救援者。但这些都是“最蠢女佣大法官”看不上的那种没有意义的法律形式主义。正如她喜欢说：“当你坐在上面时，你可以向下面的人吐口水，而他们没法吐回来。”（事实上，她的原话与这句非常接近，但是我出于礼貌改了一个小词。）对此我想加上一句：“如果你要吐口水，千万别逆风吐。”这就是说：当法律明确说那四个富裕的白人有罪时，如果让他们逍遥法外，这对穷人、受压迫的人和有色人种会有什么好处呢？我觉得“最蠢女佣大法官”似乎受过白人的欺负，她说“当白人为了更大利益而牺牲白人的生命时，那可就成了令人困惑的无解之题”。然而“最蠢女佣大法官”并不需要在此制造一个“令人困惑的无解之题”。她完全可以根据自己的理解，把这些白人的法律简单地适用于这些白人身上，让他们得到他们应得的惩罚。“最蠢女佣大法官”何必要费这么大力把她主人的板栗从火中取出来呢？

桑斯坦大法官[*]的判词

必须判被告有罪。他们的行为正属于法律字面语言所禁止的行为，这样做的结果也不会荒谬或奇怪到需要本院通过法条解释创设一种例外情形。至于在其他更特别的情形下是否应当创设一种抗辩理由，我目前不发表意见。同样，我也不对被告能否基于宪法理由而对死刑提出单独的程序性异议发表意见。

我建议在解决这类问题的过程中应采纳一个通用的方法，即：在充分考虑法条上下文语境的前提下，应该严格按照通常的文字含义来适应法条，除非这样做可能导致一个极其荒谬的结果，以致将与制定本法条所要解决的典型案情大相违背，或者与宪法或类似宪法的法律原则的要求产生严重冲突。

---

* 桑斯坦大法官即凯斯·桑斯坦，哈佛大学罗伯特·沃姆斯利校级教授(Robert Walmsley University Professor)。

一

坦白说，我很想仅仅通过适用我们正在解释的法条——纽卡斯国法典第 12-A 条——的简单文字来解决本案。本案的根本问题是被告是否“故意夺取他人性命”。乍一看似乎很清楚，法条的要求已经满足。或许我们应当直接宣布案件审理结束。

这种方法的好处是为今后的法院和那些试图了解法律内容的人减少难题，为未来增加确定性。这种方法能让人们事先做好规划，并保证法律传递的信号明确无误；增加确定性是重要的优势。这种方法还倾向于给立法者施加适当的激励，让他们事先明确法律的要求，事后修正法律的不当之处。不仅如此，在考虑上下文的前提下，倾向于制定法字面普通含义的原则与“含糊则无效”原则相辅相成，〔1〕是我国合同法和制定法的一个重要部分。通过坚持法律的字面普通含义，通过拒绝执行那些要求法院对其含义进行猜测的契约和法律，我们可以要求向所有相关当事人提供关键信息，这一过程能

〔1〕 之所以说倾向于普通文字含义和含糊则无效原则相辅相成，因为二者都是为了促进法治的价值而设计的，尤其能激励立法者在立法时表达清楚。

极大地提高法律的明确性。

本案所涉法条的词语理解起来并非含糊不清。我们并没有面对一个像“平等”、“合理”或“公共政策”一样的词语，这些词语的内涵可能需要持久的讨论，甚至随着时间变化而改变含义。也许有人会说法条中的“故意”（Willfully）一词的语义不明，但是我看不出存在这种问题。根据这个词任何一种可能有的含义，被告都是故意为之，没有任何问题。说这些词语含义明确，没有任何死板或贬损的意思。

我很想按这个思路写一份判词，就到此为止。然而，原则和先例让我不愿意这样写。作为一个原则问题，可以想象有些案子属于本法条词语所限定的范围，但是如果将这些词语按字面含义适用或者机械适用，会得到古怪而不公平的结果。无论如何，我们的法律体系禁止这样一份完全依赖于法条文本的判词。数个世纪以来，纽卡斯国法律第 12-A 条中的“禁止故意杀人”条款并不适用于因自我防卫而杀人的情形，尽管并没有明确的法条要求自我防卫是足够正当的合法行为。这一结论并非基于法条的文义，而是因为不允许将自我防卫作为合法抗辩理由（从文义上）很荒谬。那些号称“文本主义者”的大法官们正与公认的法律发生冲突；我不认为在真正的自我防卫情形下，他们还应保持严格的文本主义。

该法条是否会适用于为保护无辜第三人的利益而杀死恐怖分子的警察（或公民）的情况——无论是否有明确的条文认可或宽恕这一行为——这一点也不太清楚。当杀人是故意的，但对于阻止坏人杀害无辜者的生命而言又是必须之时，机械地适用该法条的文本在法律上将毫无道理。这样的法律带来的风险不是语义不明，而是过分宽泛——这是法条解释的一种独特的困惑，当宽泛的词语被用于那些立法时不可能被包含在内的情形，并且产生不合理的结果时，就会产生这种困惑。

一种可能的解决办法是，为了加强可预测性，根本不应该把过分宽泛当作一种困惑；我们必须遵从词语的自然含义，无论这含义是什么。然而，正如前边所提到的，在目前的情况下，我们的自我防卫理论使这种论点站不住脚。但我们姑且先把先例放到一边。在日常的话语中，人们经常会毫不意外地抵消过分宽泛的效果。比如，父母会告诉孩子："在任何情况下都不要离开家！"但是如果起火了怎么办？又如，法官会告诉助理："这份判词中一个字都不要改！"但是如果这句话中有个"不"字被不小心错打上去，或者不小心漏掉了，怎么办？为避免荒谬的结果而对法条进行解释，不会全面或大范围地破坏法律的可预测性。至于立法者能否在事前或事后纠正荒谬的结果，这点我们并不清楚。立法者能否纠正荒谬的结果仅仅是一个实证方面的可能性。最警醒的人也不可能面面俱到，最警醒的立法者也不可能预料到法律词语可能被适用的所有情形。

我的结论是：当适用概括性的语言会造成荒唐的结果时，法律解释就面临着真正的困惑，此时仅仅援引那些法条用语是不够的。自古以来，刑法解释应本着对刑事被告宽大的精神这一观念，正好说明了这一点。因此，我不愿意采取一种在所有情况下都按法条词语的普通含义来适用法律的方法。

二

我认为，本案的关键是要证明被告并不具有最好的抗辩理由，因为本案的有罪判决，与那些适用法条词语之后作出的最极端或最荒唐的有罪判决没有可比性。但在讨论这一点之前，我想先谈谈其他几种观点。本案中，被告和几位法官困扰于有罪判决，他们提出了其他一些有创意的方法。例如，他们建议，在洞口坍塌的极端情形下，文明社会的法律止步于此，而由某种自然法则替代（见福斯特大法官的判词）。

如果这个观点是关于法律选择的问题，我不接受。有关其他法域的法律可以适用于本案这一点，并没有合法的论据可以证明，我也不明白“自然法则”的含义。极端情形本身并不能排除我国制定法的适用。情形极端是复杂案件的基本特性，之所以复杂是其情况的极端性质，并与任何地理因素无关。问题是在这种情形下相关法律是指什么，要说法律并不“适用”，对我而言是一种闪烁其词。那种认为极端情形可以消除法律的强制力的观点，是结论，不是论证。

这也不是一个宪法或类似宪法的原则允许对法条进行大幅度解释，以使其符合我国法律的其他部分的情形。当一部法律存在过分宽泛的问题时，法院可以避免适用该法律，以免产生与宪法相抵触的严重问题，例如平等保护条款、第一修正案或者正当程序条款等问题。如果立法者打算提出这些问题，就应该要求他们以某种特殊性来关注这些问题。尽管这样做与“普通含义”的思路是两个相反的方向，但这个原则也与“含糊则无效”理论异曲同工，用以要求立法者，而不仅仅是司法部门对基础问题进行讨论。然而本案中并不存在这一问题。

本院一些法官强调法律的“目的”（如福斯特大法官的判词）。他们声称被告不应被判有罪，因为他们的所作所为符合法条的文字，却并不符合法条的目的。总体而言，我对这种理论深有同感，因为与我本人的理论并没有很大不同，我也并不否认，当法律条文语义不明时，目的可以成为很有帮助的指南。法条应当被合理地解释，而不能被不合理地解释。当我们不知道法律条文的含义时，希望知道制定该法律时的合理目的，以便赋予其生命，并依此对其进行解释，是非常正当的。

然而，在本案中把目的作为决定性因素会存在两个问题。其一，本案所涉法条文字没有任何含糊之处；当文本清晰时，寻求目的将会是灾难性的。其二，任何法条的目的都可以用不同的方式和不同层次的概括性来界定；至少在本案这种情况下，确定目的是最难的。本案所涉法条的目的是针对任何故意实施的杀害吗？是针对任何没有充分的合法抗辩理由的杀害吗？是针对任何当时情况下并不必要的故意杀害吗？在针对故意杀害的同时也限制司法裁量权吗？是让世界变得更加平衡吗？无论怎么回答这些问题，答案都无法来自法条本身；我们应该是解释法条，而不是挖掘法条。**如果法条本身语义明确，至少当结果不荒谬时，我们应尽最大努力遵守它。**我接下来就要讲这个问题。

三

迄今为止，我的看法是：本案所涉法条本身没有任何语义上的含糊之处。至多，该法条可能会因过分宽泛而引发特殊的解释问题。很久以来，我们都判定自我防卫是一种正当的抗辩理由。至于其他为阻止无辜者丧失生命而“故意”剥夺他人生命的情形，该法条是否或应否适用，这一点尚不清楚——而我们也不需要对此作出决定。为分析目的，且让我们假定——不是决定——该法条不适用且不应当如此适用以上情形。那么，问题来了：本案是否与上述法条不适用的情形足够相似。如果是，那么我们不得不考虑另一个问题：在极端的情形下，是否应当允许有例外。

在有可能引发过度宽泛问题的情况下，辨明那些被法律明确涵盖的典型情形通常会有帮助。我并不是说法律的范围仅局限于这些情形；通常来说并非如此。但是辨明典型的情形可以帮助我们确定法律适用是否过于宽泛，以至于应该允许例外。本法范围内的这种典型情形，包括那些出于愤怒、贪婪或个人利益而对无辜者的故意杀害。也可以想象一下那些似乎被法条的文本语言所涵盖的另一些极端的情形：当被告杀害了一个威胁被告本人生命的人时，无论法条的文字如何表述，我们的法律对此都有合法的抗辩理由。为什么这种情形是另一个极端呢？答案是，在这种情形下，被杀害者本身是不法分子（Wrongdoer），其非法的、威胁他人生命的不当行为招致了他后面的被杀。此时，适用禁止故意杀人的法律将导致荒谬的结果。如果刑法认为此时被告应承担刑事责任，我们很难为其找到合理的解释。事实上，无论法条的文字如何表述，法律都承认在这种情况下被告有充分且合法的抗辩理由。假如本案与这种情况类似，我已经说过，我们将面临一个超级难题。

然而——下面我要谈到问题的关键——现在我们面对的情况完全不是这样。被害人不是不法分子，他也没有以任何方式威胁到无辜者的性命。如果说他的死是必要的话，那也只是为了让其他人活下去而杀害一个无辜者。问题不是立法者是否会同意在这种情形下适用该法条；而是，为了不受法条文字的普通含义的约束，在此情形下适用该法条是否会带来荒谬或者明显不合理。很明显，答案是不会。

类似本案的情形，说是故意杀人，且不存在合法的抗辩理由，这并不算荒谬，即便更多的人会因此活下来（或者说根据某些成本效益计算，杀人是划算的）。很多参与杀人者可能并且实际上也会以杀人是为了救更多的人为借口。可以确定，本案与那些为了救人而必须杀人的典型案例不同。但在这些情形下适用法律并不奇怪或荒谬。对刑法持不同意见的人都应当能够接受这种观点。那些认为刑法具有惩罚功能和认为刑法具有威慑功能的人，都应当同意这一结果是合理的，无论正确与否。惩罚主义者（Retributivist）与康德学派不承认杀掉威胁他人生命的不法分子的人有罪。然而，惩罚主义者与康德学派肯定都会认为本案的被告有罪，他们为了拯救自己的性命，而杀害了完全无辜且在关键时刻撤回同意的那个人。对于惩罚主义者而言，在这种情况下杀人的人做了错事，即使是为了拯救更多的生命。被害人不应成为他人实现目的的手段，这样说没有任何不合理之处。对惩罚主义者而言，有罪判决至少不能被认为是荒谬的。

在他们看来，那些相信威慑论的人应当承认，“无罪”判决在本案的情形下可能会混淆刑法的信号，从而导致更多杀戮。很多人故意杀人是因为他们认为权衡之后的结果是合理的，我们不应鼓励他们沉溺于这种信念。认为纽卡斯国法律第12-A条保护所有无辜被害人的判决，会对那些自我判断并不一定可靠的人发出清晰的威慑信号。从威慑性的角度看，在本案中适用这一法律至少不会荒谬，这就足以证明我的结论。

我不完全排除这种可能性，即当整个不幸事件中的所有时间段内，相关人员都达成了一致意见时，被告们可能会有充分的合法抗辩理由。可以想见，荒谬的例外在那种情形下也应适用。但本案完全不是那种情况，因为被害人在掷骰子之前撤回了同意意见。当时，被害人明确表示，他不希望参与这种决定谁生谁死的方法。当有人不愿参与这个导致非合意死亡的程序时，答案非常清楚：杀人者违反了法律。

因此，那些对刑法的目的持有不同观点的人，可能会同意在本案中遵循法条文本的普通含义并不荒谬。事实上，我不同意这一特定观点，即适用本法条会导致荒谬的结果，我不理解为什么会有大法官不同意我这一结论。他们的不同意并非来自对荒谬性的判断，而是来自抛弃文本而以普通法方式来判断的意愿——依我看来，这种意愿将会损害法治的价值。比如，韦斯特大法官认为需要举行单独的听证会，并非因为她认为有罪判决是荒谬的，而是为了保证个体公正（见韦斯特大法官的判词）。伊斯特布鲁克大法官则认为本案可以参照自我防卫的情况（见伊斯特布鲁克大法官的判词），然而他似乎认为我们的法律允许法院就杀人的具体情形进行特别调查。他并未暗示有罪判决会导致荒谬的结果。我不明白“最蠢女佣大法官”或德邦克大法官为什么会从中发现荒谬之处。我非常同意德邦克大法官认为刑法应当做限缩性解释的建议（见德邦克大法官的判词），但我认为只有当存在真正的文本疑问时才能那样做。

本院有些法官只是朴素地认为，本案中的杀人者从道德上可以被原谅，因为他们的目的是保证更多的人能活下去，并因为是被害人最初设计了这个最后导致他自己死亡的计划（见伊斯特布鲁克大法官的判词）。然而道德论证不能替代法条语言的自然含义，至少当结果是任何理性的人都认为合理的时候。这里可能有一个需要认真思考的疑虑：允许已经阐明的原则有例外，无论在原则上还是在实践中，都有可能破坏法律的禁令。大体上说，我们至少不太清楚，本案中的豁免情况是否可以和其他一些案件中（我们的道德判断会有不同主张）的豁免情况相区分。（比如，某人冷血地射杀一个他有理由认为正在合谋杀害他的人。）在实践中，法律的威慑性价值很有可能被这种豁免所动摇，至少有些人可能会因为相信或者希望他们能够主张这种豁免而杀人。成本收益分析有它的可取之处，然而，当法律禁止“故意杀人”时，我们就不能允许任何成本收益分析的例外情况。

有一种“元”（Meta）成本利益分析很可能会支持这种

判断。如果法院进行个案调查，询问所有夺取他人生命行为的合法性，法律将很快变得非常复杂，法条的威慑性价值也许会开始瓦解——尤其当未来的杀人者只注意我们法律的架构时。我对伊斯特布鲁克法官解决本案的思路深表赞同；在多数情况下他的思路与我大同小异，我几乎快要接受他的结论了。但我们最后分道扬镳，仅仅是因为我更加关注的是，如果硬要从中找到“例外”情形的话，那么，对法院和潜在的杀人者来说，不确定性将会增加，法律的信号将会被压抑。我担心他对本案（并非不合理）的观点会产生系统性的影响。

我主张的通用方法意味着对法条或规则的解释需要类推。规则的解释与类推之间的区别远谈不上清楚明了。在解释规则时，推定以条款的普通含义为主；然而，当规则适用于手头的案子与适用于典型案例的情况完全不同时，普通含义也许只能让步。在确定对规则的适用实际上是否不同，我们就是在进行类推。由于本案涉及对无辜生命的剥夺，经过类推可以认定本案与典型案例类似，因此，我们应当努力遵从法条的语言。

正因如此，针对本案，我不认为此时应当考虑对死刑提出法律异议，而应对有罪判决提出异议。韦斯特大法官已经明确提出，死刑不符合宪法（见韦斯特大法官的判词）。我不确定她是错误的；我也不确定她是正确的。当诉讼当事人争辩说，以规则为基准的法律在适用上不合理，从而要求就该法律适用于他们的案件是否合理另行审理时，宪法在多数时候不会允许他们这样做。允许对以规则为基准的法律（Rule-Bound Law）进行频繁的宪法挑战，将会威胁到法治本身——增加不可预见性、不确定性，并且（由于法官们也都是人）也会增加错误和不公正。没有人能保证只要在个案判断时确认了所有事实，法官就会得出正确的结论。但是，死刑是一种特别的刑罚（至少可以这么说），而本案的事实不大可能会重演。或许在某人被判死刑前，一定程度上的个别判断是符合宪法要求的。死刑在本案中的适用是否应允许有一个单独的异议程序？我本人愿意对此进行深入长久的思考，但是我不会在本案这种情况下决定这一问题，因为本案中被告上诉所针对的是有罪判决，而非量刑。

四

我的希望是，根据我的分析，本案的判决应当敦促其他机构来设计一个合理考虑不同情形的法律条文，而本案的法条本身似乎没有考虑全面。事实上这是我所赞同的文本主义的一个优点：激励立法者对属于法律规范范围内的多种情形做出恰当的判断，而非法院。

韦斯特大法官*的判词

五位探险者被困在山洞里，因饥饿而处于死亡的边缘，及时得救的希望非常渺茫，最终他们一致认为，能摆脱困境活下来的唯一希望是吃掉一个同伴。最终他们决定通过掷骰子来选出那个将要被牺牲的“羔羊”。他们中的一位后来不同意这一计划，决定退出。然而，其他人置他的反对意见于不顾，将计划继续进行，并由他人代其掷骰子。不幸的是，最后抽中的正是这位不同意参与分食同伴的反对者，他因此被其他同伴杀死并分食。后来这些人得救了，并被送往医院治疗。之前为了抢救他们，有十位救援者因意外而失去了生命。现在，生还者们被以谋杀罪——根据纽卡斯国第12-A条的规定——因“故意夺取他人性命”而被指控，此罪依法

* 韦斯特大法官即罗宾·韦斯特，乔治城大学弗雷德里克·J. 哈斯法律与哲学教授（Frederick J. Haas Professor Of Law And Philosophy）。

当被判处死刑。

本案陪审团根据程序法，并在其自由裁量权限内，认为他们的权限只是确定事实，将法律问题留待法院作出判决。陪审团所确认的事实概要如上所述，而确定被告的行为是否构成谋杀，则是本法庭的责任。如果我们判定被告的行为构成谋杀，那么，依法应当判处的法定刑罚就是死刑，除非国家行政总长决定为其减刑。

一

被告提出了两个需要回应的新颖论点。第一，被告认为，他们的行为超出了本国或者任何其他法域的法律制度的管辖范围，理由并非是人们通常所主张的地域的原因，而是一个法理上的命题：他们主张，在当时的特定情形下，他们的生存要求他们采取行动，而该行动是否合乎道德或法律，超出了法律可以判断的范围。他们认为，法律的目的是给合作性的社会生活提供便利，并促进合作成果的最大化。因此，法律是基于这样一种可能性，即：合作不仅会提高共同生存的概率，也会为所有人提供额外的利益。本案中，所有人之间合作的结果只是他们的共同死亡，因此，法律的逻辑基础就不存在。法律的目的不可能是谴责这些行为。相反，这些被困住的人成立他们自己的议会，并采取任何可以让尽可能多的人生存下去的行动，这样做不仅合乎法律，也合乎道德。本案中他们就是这样做的，并同意通过掷骰子的方法来决定生死。

第二，被告认为，即使我国的法律适用于他们，他们也没有犯谋杀罪，因为他们是在自我防卫。被告们主张，在必须夺取他人性命来自救时，杀人就是自我防卫。被告解释道，这种杀人基本上是无法被威慑住的：没有哪种惩罚足以威慑在这种情况下的人，让他们改变杀人的理性决定。刑法禁止谋杀的目的是威慑后人，但是他们这些行为无法被威慑住；因而该行为并非犯罪。此时适用法律的刑事制裁没有意义，因此，法律在此并不适用。

这些论点有道理吗？当然，关于法律适用的范围应受法治或禁止谋杀的法律的“目的”影响——无论这些目的为何——的观点并没有权威法条或先例支持。也没有权威法条或先例支持那种限缩性观点，即自我防卫的正当性应当如被告所主张的那么宽泛。然而，缺少权威法条或先例并不是被告论点的致命之处——它至多暗示着并没有先例迫使我们遵循被告所强调的那种理论。在没有先例的情况下，我们仍然需要确定被告提出的论点是否有道理。但在我看来，它们毫无道理。

被告的第一个主张很雄辩，顺理成章，并似乎建立在一个没有争议的前提之上。我们大部分法律——尤其是合同法和财产法——的确基于这样一种假设，即通过法律机制的合作，可以提高合作性社会生活的利益，因此进一步基于一种通常并未言明的假设，即合作性社会生活能提高而非降低共同生存的概率。诚然，被关在自然牢笼里的被告们，如果一揽子接受我们的法律的确不能提高他们的生存概率或者合作的利益。我们或许会同意，为保证他们中大多数人甚至其中一人能活下来，他们也许不得不违反本国的一项或者多项法律。如果法律的目的是保证合作的利益，而其中最重要的利益就是共同生存，并且，如果法律不应当被扩张到超出其所界定的目的的范围，那么被告们不应受法律管束也就顺理成章了。被告认为法律或法条不应扩张到超出其所界定的目的的范围，也颇能讲得通。否则就是反复无常、没有理性，而不是合乎法律；并且在死刑案件中，这样做就是在迫使国家从事不正当的杀人行为。伪善到这种程度是不可容忍的。

被告这一主张的问题，并不在于他们武断地放言法律适用不应超出其目的这一点缺乏权威根据，也不是因为其主张本身的逻辑性。问题在于他们错误地理解了法律的使命。法律或法治的核心目的，并非契约，而是对权利的保护，其中最重要的权利是每个个体获得平等尊重的权利，亦即依法受到平等保护的权利。**法律的重点是平等地保护所有人不受他人的不当侵害**。诚然，只有在这一平等保护和保障个人权利的框架下，才能保障契约自由和合同法能够产生任何利益。

坚持每个人都有权受到国家的平等保护，不受他人侵害——尤其是不受剥夺生命的侵害——是法治社会的社会生活与异想天开的自然法则下的社会生活之间的本质区别。在自然法则下，个人或群体可能会基于各种理由认为，杀人、奴役他人，或者压迫他人或其他群体可以提高他们自己的生存概率，这种决定很快就会变成政治行动。**法治的重点，本质上是创设并保护个人不会被如此侵害的权利，并对那些试图实施侵害的群体或个人的行为进行制裁。**

可以确定，被告有一点是对的，即：契约，以及契约所促进的对社会利益的保护，是我们许多法律的核心。但是，只有当平等保护人们不受他人侵害的基本权利有了保障之后，才能够更好地理解契约法。个人可以不择手段地利用其天赋和实力来保障他通过契约所获得的利益。然而，他不可以利用他的实力——无论这实力来自先天馈赠、后天教育，或者来自民众的力量——去侵犯他人的权利。这些权利的中心，毫无疑问是不为他人的利益被杀害、毁灭、奴役或暴力袭击的权利。个人有权期待国家保护的正是不受这种形式剥削的权利。

有关我们法律的核心目的，还有很多体现。例如，禁止通过合同将本人沦为奴隶、禁止通过合同出售身体器官、禁止订立自杀合同等常见规定，都源自这一信念：受国家保护的这些不受他人侵害的权利是如此根本，甚至不可以被自愿放弃。契约是这些保护个人不受他人暴力侵犯的核心条款的基础，因此，这些权利的保护转而界定了契约自由的边界。

个人不受他人暴力侵害的优先权为契约设定了边界，然而，虽不够明显但却更重要的是，该原则对政府的作为或不作为也设定了边界。政府，无论有好的理由、坏的理由，或者没有理由，都不可以简单地收回其对某些个人或群体中脆弱生命的保护，让他们任由其他更强势的同伴们摆布。政府也不能决定不再提供这些保护。例如，政府不能处死一个被错误指控的刑事被告，仅仅因为相信处死他会促使一个连环杀手停止杀害儿童。即便这个理由很充分——即便政府知道处决其他人会让人们错误地认为真凶已经落网，真正的凶手也会就此收手——这种对无辜者的处决对法律平等保护权利的侵犯是不可接受的。当然，政府也不可以决定不再保护某一特定群体——例如，生活在危险社区的穷人——免受他人暴力行为的侵害，即便理由是提供这样的保护会使大量警察的生命受到威胁。当然，政府也不可以决定不再保护某一群体的分支——如某一种族或性别的少数人——不受习惯性的、无意识的或蓄意的暴力侵害，以确保受到优待的群体能从中获得剥削性利益。这种让他人做牺牲的做法，对处于我们法治核心的权利保护体系是有害的。实际上，毫不夸张地说，**法治的中心含义正是：让他人做牺牲是典型的非法行为——无论是为了高尚或卑鄙的理由，也无论是由政府还是私人在计算利弊得失之后作出的**。我们是法治社会的公民，当暴力行为是为了保障受优待群体的利益甚至生命而发生时，我们不应当否定任何个人或群体得到国家保护、免受这种暴力行为侵害的权利。所有的个体都有权得到免受暴力侵害的保护，即使基于道德衡量，这种暴力行为能够挽救的生命多于牺牲的生命时也不可以。

因此，很明显，根据法治的目的，被告在本案中的行为不仅仅是在法治的范围内，而且位于法治的正中心。在引起各种谋杀的动机中，确实存在不同程度的道德瑕疵。有些动机要比其他动机更应受到指责，有些则应更少受到指责。但是从位于法治理念中心的品德与价值的角度看，被告依据法理和针对管辖权所提出的异议只能提出道德瑕疵在程度上的不同，而这种不同最终是微不足道的，即：对个体获得平等尊重和关心的权利的侵害，以及因此对获得法律平等保护的权利的侵害，并不会因杀害的正当性而减弱。他不能被如此牺牲，这正是权利的含义所在：权利的定义决定了其不能被基于个体或群体的道德或经济利益的权衡所战胜，即使这种利益可以用被拯救生命的数量来衡量。当政府允许、促进或默许这些权衡，且没有采取任何行动来阻止或制止其导致的暴力行为时，法律平等保护个体不受他人暴力行为侵害的权利就被侵犯了。

有必要补充一句，被害人对于自己参与这个最终夺去他生命的方案的矛盾态度，并不会削弱这一结论。即便被害人的参与一直都是自愿和积极的，基于上述原因，这依然是谋杀。我们有既定的法律禁止协助自杀、集体自杀契约及有关自我毁灭的双务契约，这些规定明确了有关国家保护人民免受他人行为侵害的基本权利，即便我们全都同意放弃这种权利，国家对这些权利的保护也依然占据优先地位。然而，本案的事实非常简单，甚至都没能提出像协助自杀的禁令是否与我们根深蒂固的个人自由传统相协调这样一个更难的问题。

本案中的被害人最初支持这一方案，并认为掷骰子决定谁死是一个公平的程序。然而，后来被害人明确撤回了他对整个方案的赞同。因此，这就不是一个协助自杀的问题。本案中没有自杀。被害人在违背他的意愿且没有得到他本人同意的情况下被杀害。

被告的第二个论点较为温和，但是如果接受他们的观点，我们有些最明确的法治理想将会受到挑战。被告主张说，应当扩大既有的自我防卫抗辩，扩大到当被害人的遗体可以提供给被告，并可挽救被告生命时的杀害——而不应像现在这样，把这一抗辩理由局限于被害人先动手攻击杀人者的情形。但我们不能这样做，否则必定会引发致命的社会混乱。在资源相对稀缺（而不是我们已经习惯的富足）的状态下，不能放任私人暴力甚至私人秩序。这样做将会滑向自然状态，而这正是最需要法律的时刻。

与被告所述相反，我们并没有接受这种对刑罚的限制，而有可能导致提出这样一个主张的条件或情形，也并非如被告所认为的那样罕见。例如，现在本国有相当多的公民在等待器官捐献、骨髓移植和输血。这些器官、骨髓和未经感染的稀有血型的巨大稀缺是一个悲哀的现实，所有这些病人（以及任何时候都有可能成为这种病人的我们）对此都不得不忍受。这种稀缺性让需要接受捐献的人无比痛苦，也让医务人员的决定变得异常艰难。

很明显，一部分有希望得到器官捐献的人，有可能找到能救命的器官、骨髓或血液捐献者。假如三个、四个或者五个受赠者找到同一个潜在的捐献人——那人既有相匹配的肝、骨髓，又是稀有血型——那么，根据被告所主张的原则，有什么能阻止他们用强力取得这些器官，甚至不惜牺牲捐献者的生命呢？如果我们不允许也不应允许在这种并不罕见的情形下对他人器官的掠夺，那么，我们凭什么应当允许本案中的被告夺取他人的性命呢？对身体器官的客观需要是一样的，无论需要的是骨头内的骨髓，还是骨头外的肉。道德上的权衡也是一样的，并基于同样的动机：牺牲一人，拯救多人。

人们甚至可以想象，在医疗移植案中的杀害也可能事先达成契约，然后该契约由被害人（即器官提供者）撤回，这种情形就与本案相同。在两种情形中，后续的谋杀都没有合理的理由。一个更宽泛的适用于洞穴探险者和器官移植案的原则，简单说就是：加害者为自己的生存目的而需要被害人身体的一部分，因此做出的杀害行为并不是“自我防卫”。此时不存在任何需要被防卫的侵害行为。相反，只有一个需求与稀缺的资源不匹配的悲惨困境。

该行为也不能依据相关“道德上的必要”理论来解释。对他人的生命或身体器官的侵犯性掠夺，在“道德”上从来都不是“必要”的，即便这些身体器官也许是挽救更多有需求的人的生命所必需的。即使这个无辜的生命只是一个足月的胎儿（或按某些人的说法：未出生的孩子），都不能掠夺母体的体液或器官——即使这绝对是无意识的——以致威胁到母亲的生命。当胎儿需要母亲的身体时，如果这种需要以牺牲母体为代价，且该牺牲有悖于母亲的意愿，就不应期待怀孕的妇女牺牲她的生命来促进她体内胎儿的健康。相反，正是在这些情况下（或许也仅仅在这些情况下），在生育法这一有争议且困难重重的领域，我们取得了社会共识，即：当胎儿对母体有需求，而该需求将会威胁到母体的生命时，母亲（而非胎儿）有权通过引产保护自己不受伤害，即便牺牲胎儿的生命也在所不惜。

这一共识并不令人吃惊，如果一个已经出生的孩子——如一个成年人——需要他父母的骨髓，并试图在父母不同意的情况下取得，那么，政府很可能会保护父母不受孩子的侵犯；政府不会认为这个孩子的行为在“道德上是必要的”。被牺牲掉的山洞探险者，被体内胎儿侵犯性的需求威胁到生命的怀孕妇女，以及被孩子威胁要取其性命的父母，他们的情形没有任何不同；而事实上，人们可能会说，父母子女间或母亲与胎儿间的关系，或许可以引申出父母或怀孕妇女可能具有某种义务，这就使得山洞探险者的处境更弱了。在所有这三种情形下，牺牲生命在生物学上对侵犯者的生存来说都是必要的，但是这一事实并没有让任何一种情形下的杀害（或者在怀孕妇女的情况下任由胎儿死亡）在道德上是必要的。被告们在山洞里的行为，简单说，既不是为了反抗不合理的侵犯而作出的自我防卫，在道德上也没有必要性。这种杀害没有任何正当理由。

二

前面我驳回了被告的论点，然而，我觉得很清楚的是，被告不应当被判处死刑，处决他们将会构成不公正的结果——事实上，处决他们，最终也许和他们杀害同伙的行为一样，都是不正当的。他们所采取的行动违反了刑法，罪行是谋杀。但是必须用绞刑来惩罚他们吗？

这些被告并没有机会向本院——无论是陪审团或者大法官们——证明，他们的行为虽然不正当，却或许因为他们所面临的境遇之险恶，应被部分或全部宽恕；或者，应当由司法部门承认他们所抗争的极端条件之险恶，并因此考虑减轻适用于他们的残酷刑罚。本院——无论是陪审团或者法官——没有被允许作出这样的决定。

我们没有听到有关减轻罪行的证据——无论是关于被告自己、他们的性格、山洞中的条件，那些或许会带给他们自觉性改变的条件，或者他们最后默认的对求生本能的感受或力量。这些证据也许会促使本院承认被告们所感受到的独特恐惧，可能判处一个轻于死刑的刑罚。对此的探索——也很可能是一种承认——似乎正是本案所要求的公平的结果。这些人身处绝境，为了生存采取了孤注一掷的办法。我们不清楚自己遇到同样的情况是否会采取不同的办法。即便他们的行动属于刑事谋杀，也并不意味着一定要被判处死刑。

这些被告对政府或社会的安全不构成威胁。他们已经承受了巨大的痛苦。虽然不至于把他们从我们法院的管辖范围中移除出去，但他们的境遇肯定是独特的——如此独特，以至于处死他们不会产生任何通常意义的威慑作用。为什么要杀死他们呢？在没有对可能减轻他们刑罚的事实或论点进行审理之前，就得出这样一个严酷的结论，这真的是正义所要求的吗？

我们于纪元 4300 年颁布的刑法似乎有同样的要求。从理论上说，法官和陪审团将法律适用于事实，是为了实现正义；行政总长则追求一个与此并不对立的仁慈原则，可以参照法院在追求正义中不会考虑的那些理由——诸如被告的生活、痛苦、压力、悔悟以及他们对未来的担忧和希望等——而减轻处罚。但是法院与行政总长办公室对“法律”与减轻刑罚的正义与仁慈的两分——这让我们怀念在我们的民法体系中已经被抛弃很久的古老的普通法与衡平法之间的分歧——对谁都没有好处。这迫使被告作出似是而非的抗辩，这迫使法院作出形式主义的结论，并推动法官们基于没有说出来的理由而作出判决——包括没有明说的、对行政总长会不会作出某种决定的希望、祷告或者期待；表面上看接受了一个站不住脚的抗辩理由，但实际上左右判决的真实原因是法官对案件的想象推演。这种法律看上去严谨、稳定，但显然包含了过度的内容：它把那些行为和所处情形大不相同的被告都包含在一起，而事实上这些被告应当被区别对待。它还把最终的生杀予夺大权给予一名被选举出来的官员，此人也许有、也许没有必要的公众支持以及政治权力，让他豁免被告的死刑，即使他认为这是在道德上正确的行动。

法律将这些被告的生命交给一个被选举出来的官员，并依靠其可疑的“慈悲”，该官员自己的政治生涯也取决于多数主义政治的奇思异想。简言之，它使我们的法律毫无仁慈，而行政长官的仁慈则丝毫不受法律约束。当我们假装法律与仁慈都能实现时，法律的品质和行政长官仁慈的品质都会受到损害。

鉴于上述原因，我认为，禁止谋杀的法律针对故意夺取他人性命者处以绞刑的规定，没有留给司法机关任何可减轻该刑罚的可能性，这剥夺了被告的下述宪法权利，即：不经正当程序不得被剥夺生命的权利，以及法律必须合理适用于他们的权利。正如刑事犯罪的被害人享有得到法律保护的根本权利一样，被控的刑事被告也有权得到一个与他们的罪行程度相当的量刑判决。在我们这样一个基于权利的法律制度下，我们不能忽视被告作为个体获得判决的权利，就像我们不能忽视被害人被社会接纳，并依法受到保护的权利一样。违宪法条所带给我们的选择——法院判决有罪，然后处以死刑；法院判决有罪，然后行政总长决定减轻刑罚至六个月有期徒刑；或者基于可疑的理由而将被告们无罪释放——都太过于粗鄙。法条阻止法院追求仁慈的正义，并剥夺了被告宝贵的宪法权利。这些被告应当有机会讲述他们自己的故事，来为自己抗辩并争取为其犯罪行为减轻刑罚，而本院应当有基于此而作出判决的机会。我们需要另行开庭确定适当的刑罚。因此，拒绝给予这种机会的法律规定，应当被判违宪，应允许本案继续达成一个最大可能的仁慈——也因此更加公正——的判决。

德邦克大法官*的判词

一　回顾

本案提出了诸多令人困扰的问题，如“自然法”“天赋人权”等很久以前就存在的法律概念，虽已不合时宜，却对我们仍有持续性的影响。现在已经是第五个千禧年了（这个计年系统的根据，现在已经被认为是一种宗教神话了），我们却还没有完全拒绝这些不理智的陈腐思想。

正如在历史文献中广为人知的，刚步入第三个千禧年不久，整个世界就被正统派基督教徒、穆斯林及犹太教徒等群体之间的宗教战争所吞没。相信世界末日的宗教极端分子取

* 德邦克大法官系哈佛大学费利克斯·弗兰克福特（Felix Frankfurter）荣誉教授艾伦·德肖维茨。

得了大规模杀伤武器。结果是为执行神的旨意，而以诸多“神”的名义，借各种宗教符号进行的灾难性杀戮。末日的幸存者们开始意识到，围绕着诸如“圣灵”“真主”以及“耶和华”等神明的神话，与之前围绕着古埃及、古希腊和古罗马神明的神话之间并没有区别。渐渐地，新的共识出现了，最初质疑一切超自然神明的存在（不可知论时期），直到现在，否认一切对神明的信仰（无神论时期）。[1] 正如第一个和第二个千禧年的早期，基督教徒、穆斯林和犹太教徒对希腊和罗马神话所持的态度一样，我们启蒙后的时代也是如此看待这些所谓的一神论宗教的神话的——诸如《圣经》中的神圣起

---

〔1〕 许多无神论者依然热衷于曾经的种族部落，这一点虽然我能够理解，但是觉得很遗憾。不信犹太教的、不信天主教的、不信新基督教的、不信伊斯兰教的，以及其他更小的组织，都在激烈争论到底不应该相信哪个神。

即便在末日启示（The Great Apocalypse）之前，许多有思想的人也都理解，他们的宗教“信仰”和仪式都只是基于类似于他们多神论先辈一样的神话。但同时他们也意识到宗教信仰在他们很多朋友的生活中都很重要，而且也产生了很多好的影响——正如安慰剂，人们因相信它是有效药物而吃下去。他们满足于把宗教视为一种无害的善意欺骗。然而末日启示证实了神话已经变得何等危险，而且多数市民开始要求把宗教和其他不理性的信仰系统如星象、塔罗牌和巫术一样同等对待。不久之后，相信正式宗教的超自然法则变得和相信地球是平的一样老土。

即便在第三个千禧年的原教旨主义战争之前，一些勇敢的知识分子已经开始挑战一神论的教条，然而他们在说服群众时遇到了相当大的阻碍。部分原因是某些邪恶的极权主义政权把一神主义强加给他们的市民，把不信神与暴政联系在一起。于是一些谨慎的知识分子开始争辩说应该把科学（基于实证的真理）与宗教（信仰）分开看待，并认为与宗教相关的一切都不该用科学标准来判断。然而，这也是一种神话，因为许多宗教的主张——如摩西分离了红海；比如耶稣在水上行走，穆罕默德骑马飞身上天——都是经验之谈并且有历史渊源：这些要么的确发生过，要么是虚构出来的。战争之后，越来越多的人开始追问这些说法的证据，最后得出结论认为它们是虚构的。

源，耶稣的神圣父亲身份，以及认为穆罕默德是上帝信使的主张。[1] 正如第一个和第二个千禧年的一神论者欣赏他们多神论前辈的宗教、艺术和文学一样，我们也欣赏圣经中的诗作和它偶尔带来的顿悟，以及所谓希伯来预言家，耶稣和穆罕默德所带来的绝妙教诲——但是现在我们确定地知道，他们都是人。

我们也知道，**这个世界并没有“目的”，至少没有由一些外在的超能量所施加的“目的”**。人类本质上是随机工序的产物，诸如进化、基因突变或其他无目的因素。

我们早就理解了这些不证自明的真理，并将其应用于我们生活的很多方面，如科学、教育和文学。然而在谈到法律时，我们却固执地拒绝将过去残余的古老神话从当下的法律体系中清除出去。我们坚持谈“自然法则”，好像自然的物理“法则”带有任何规范化推论一样。我们继续推行“天赋人权”，就好像我们相信这些权利是源于曾经存在的、超自然的、非人类的源头一样。

因为本案提出了挑战我们法律的基础底线的问题，我认为，在现在这个没有神明、超自然能力以及有目的的被造物

---

〔1〕 当代史学家依然无法解释，为什么两千多年来会有这么多人觉得，相信一个超自然生物（一神论）会比相信多个超自然生物（多神论）要来的“高级”这个智力难题。

等迷信的世界里，思考一下诸如“自然法则”和“天赋人权”等概念的含义，正当其时。

我相信在这样的世界里——在我们的世界里——诸如“自然法则”和“天赋人权”等概念并无任何实际意义。“自然法则”预先假定了一种对自然的——对人性和世界的——看法，而这种看法完全可以被论证为是错误的。人性是如此的多样化——从最不道德和掠夺性的极端到最道德和自我牺牲的极端——以至于从这些多样性中无法得出标准答案。〔1〕“天赋人权”则预定了一种外界强加的、在没有一个外界立

---

〔1〕“自然法”的原则可以从不同方向切入，为了阐明这一点，以人人生而平等的原则为例。韦斯特法官在本案中根据这一原则的变种，判定被告有罪。然而美国法学会却引用同样的原则来证明，为挽救多数人的性命而杀害一个无辜人的行为是合法的：“在这种案例中，每个人的生命都应当被看作是等价的，被挽救者相对于牺牲者的人数上的优势，显然使这一行为获得了法律上的正当性。”见 1962 年《标准刑法典》第 § 3.02 条的评注。

作为一位有色人种的女同性恋，我尤其怀疑从人性中得出的道德法则，因为历史已经证明，大部分这样的法则都是从所谓“男人”的角度得出的——在过去通常是占主导地位的异性恋白人男性。我也一样怀疑天赋人权，因为数个世纪以来，这种权利中并没有包括女性、同性恋或少数人种的权利。到了今天，白人在多数国家都显然成了少数人种，包括在我们自己的国家。然而法则却依然保持不变。当然，制定法——如纳粹德国在第二个千禧年颁布的那些法律——被用来奴役许多人（这更糟），而自然法也一样被滥用。这些都是支持以下观点的有力论证，即：为什么我们应该倾向于那些确立基本权利的法律——诸如平等、思想与言论的自由、正当程序，以及不受任何制定法、自然法或其他有法无法的暴政所侵害的基本权利。

我同时也倾向于这样一种制度，它能确保那些少数持不同意见者依旧能坚持上帝——那个给了摩西《托拉》（Torah）、身为耶稣的父亲，并启示了穆罕默德的那位上帝——存在的宗教自由以及信仰和实践其他非理性迷信的自由，只要不侵犯大部分理性的人将生活建立在人类理性原则之上的权利。通过法律强加无神论给民众的努力已经失败了，通过法律强加宗教信仰的努力也是一样。事实证明，让多种思想和信仰共存才是更好的选择。

法者的情况下毫无意义的等级制度。我们现在必须承认，所有的法律都必须是实在法，而且所有的权利都只不过是我们或我们祖先一致同意高于其他实在法的一种优先性选择。某些特定法律——如言论自由法——其地位的提高可以通过宪法（无论书面或口头）、某种根深蒂固的传统，或另外一种超级实在法来达到。它不能来自于任何人类制定法律过程以外的超自然或自然力量。因此，选择将一组法律或权利优先于另一组的唯一基础，只能是人们的争辩和说服。

在这篇判词中，我试图说服大家接受我的观点，但不会以别的自然或超自然权威为基础，而是仅仅基于人类的推论和共同商定的原则。这些原则可能会采取古代哲学家如康德所主张的首选命令（Preferred Imperatives）形式，或者采取如边沁等人所提倡的首选情境规则（Preferred Situational Rules）。但是，它们哪怕被描述为自然法和天赋人权，也都只不过是人类有倾向性的选择而已。[1]

---

〔1〕我也一样认为，大家应该同意某些权利是不可让渡的，或者至少不会被人们以简单多数票废除。这是我的倾向性选择，我希望能说服别人认同这一观点。

二　讨论

那么，一个不受自然法或天赋人权等概念束缚的最高法院，应该怎么评判本案中的行为呢？首先，有必要阐述一些初步的观点：在文明社会里，我的同事们的正反两方结论都可以被合理地写进法律。如果立法机关当初能预见到这起事件的话，可能会制定一个更清晰确定的禁令，明文禁止饥饿的人杀死他们中的一人以使其他人得救。对这样一条规则，持支持观点和持反对观点的人之间的争论显而易见，并由来已久。〔1〕然而我们的立法者从未通过立法禁止或允许类似的为救人而谋杀的行为，来明确解决这一千古难题。在这种情况下，我倾向于选择以下法律规则：**当一个悲剧性的选择反复出现，以至于可以预见到未来还会重复发生，而当理性人长久以来都对是否应允许某种选择无法达成一致意见时，立法机关就有义务通过颁布制定法禁止这种选择**——只要他们希望这样做。

〔1〕 正如古老的犹太法典《塔木德法》中的婉转一问："又有谁知道你的血更红？" Sanhedrin 74a In *The Babylonian Talmud* 503 (I. Epstein ed. & H. Freedman Trans., 1935).

有些人认为这种制定法会因违背人类的自卫本能而不起作用，对此有一个简单的回答：立法可以创造一些起作用的惩罚。例如，死后羞辱、[1]剥夺子孙后代的继承权，或者对生存者施以更加痛苦的惩罚。关键是，认为这种制定法不起作用的观点，是从实证角度而非道德角度，对禁止为救他人而吃掉一个饥饿的人提出异议。[2]

文明社会同样也可以通过立法允许（甚至要求）一个饥饿的无辜者牺牲自己以拯救若干人。支持这样一条法律的论点一样显而易见，并存在已久。就像奥利佛·温德尔·霍姆斯（Oliver Wendall Holmes）曾说的："所有的社会都建立在一些人的死亡上，同时也必须依赖于此，不然便会付出更多人的生命。"对此的反对意见，如滑坡理论*，一样也是老生

* 即 Slippery Slope，指如果我们以某种方式处理一种情况，那就也必须以同样的方式处理更极端的情况。某一行动或结果将不可避免地引发一系列连锁反应，产生极端的后果。

〔1〕 从前，对于死后的惩罚——即永久沉沦于地狱——很有威胁性。当然今天很少有人相信这些没有理性的"鬼故事"了。即便在过去的宗教时代，是否真的有很多人相信天堂和地狱也是有疑问的，因为"信徒"犯下了这么多的原罪。永久惩罚的威胁或奖赏并未消除现世对惩罚的需要，以阻止后人犯罪——而这些罪也是原罪。

〔2〕 当然可能会有人从道德上反对，认为用来阻止这些行为所必要的惩罚太重，或更多地惩罚了无辜的第三者。例如，见韦斯特大法官的判词（她似乎在反对将死刑作为对被告的惩罚时提出了这个论点，尽管她认为依照法条他们确实有罪）。

常谈。

重点是，并没有哪种选择比另一种更加“自然”。而本案也无法用任何天赋人权来解决，例如“生命权”。两种选择都声称是自然的，能够有利于生命权。两者也都具备道德上和实际上的优缺点，我们社会中没有哪个人天生比其他人更适合作出优于他人的选择。[1] 然而我们必须要作出选择。于是，我们把争论的焦点从内容转移到程序：该赋予谁作出这种决定的权利？这种决定的作出应以什么为依据？以及，如果在最初的决定中有漏洞，又该赋予谁在处理特定案件时填补漏洞的权利？这些问题也只能由倾向性选择和说服力决定。

本案所带来的问题，有史以来就一直存在。在诸多有关历史、宗教和文学作品中都有例可循——尽管抽象化的程度有所不同。那么，为什么被赋予立法权的机构没有专门解决这个反复出现的问题呢？可以确定的是，尽管这个问题并没有自我防卫发生得那么频繁，然而已有足够多的人知道，这

---

〔1〕 可以说因为他们的智商和所受的教育，精英哲学家或法学家们更适合做这种决定。数千年前，一位叫柏拉图的希腊哲学家提出了这样一个精英决策论。大部分民主主义者都反对这个观点，认为代表决策论（Representative Decisionmaking）更胜一筹。选择谁来确定法律，最终还是一个倾向性选择和说服力的问题。不过随着时间流逝，代表决策论的拥护者逐渐占得了优势。

一问题可以被具体包含在任何禁止杀人的现代法典内。确实，在最古老的法典之一——塔木德法典（The Talmud，犹太古法典）——中就包含了针对这一问题及其相关问题的讨论。[1] 哲学家和法律研究者们也一直在考虑这些问题。然而，没有或者很少有刑法典明确告诉那些饥饿的洞穴探险者、水手或太空旅行者，在面对本案中的被告所遇到的艰难情形时可以、应该或者必须怎么做。值得注意的是，本案与一个名为大英帝国的国家在第二个千禧年第九世纪所发生的一桩案件很相似（见1884年英国女王法庭审理的杜德利与斯蒂芬案）。该案的法官们意见不一，基于案件事实非常困难地作出了一个原则性的判决；然而，立法机关并未因此制定一部法律，以便彻底解决这一问题。立法机关在面对维持有罪判

---

〔1〕 见 David Daube, *Collaboration With Tyranny In Rabbinic Law* (1965); Marilyn Finkelman, *Self-defense And Defense Of Others In Jewish Law: The Rodef Defense*, 33 Wayne L. Rev. 1257 (1987)。《塔木德法典》中所参考的案件——有些是真实案例，有些是假想的案例——包含以下这几个：敌将率兵包围了一个有城墙的城市，并威胁若不将某人交出去处死，便杀光城内所有居民；两个人在沙漠中快要渴死了，水却只够救一个人；一个孩子，因为低于法定责任年龄而被认为是无罪的，这个孩子威胁到另一个无辜者的性命，而只有将他杀死才能阻止无辜者被杀（电影制作人阿尔弗雷德·希区柯克在他的电视剧中略加改变，展现了这个案情）；一个胎儿威胁到孕妇的生命，而孕妇的保命方法只有杀死这个胎儿（大同小异的版本是在分娩过程中，胎儿威胁到孕妇的生命，而保命的方法只有杀死已经部分分娩的胎儿）。

决的决定时所表现的沉默，并不能证明他们希望给该案的被告定罪。大部分类似的案子——不论是在该案判决之前还是之后——最后被告要么被宣告无罪，要么被免于起诉，而上述英国的案子的被告最后得到了赦免。法律并不仅仅是少数上诉法院作出的若干孤立的判决。

长久以来，立法机关在面对这些问题时选择放弃责任，那么，**我们**作为法院的法官，这种做法告诉了我们什么呢，该如何解决这起案件呢？它告诉我们，或许人们并不希望通过立法机关来抽象地解决这个问题。我们选出的代表显然倾向于不通过立法来判定这些被告的行为合法或不合法。我们的市民无法承认在像本案一样危急的情况下，吃掉自己的邻居在道德上是正义的。但同时他们也不会说这是不正义的。他们倾向于将决定权首先交给山洞里的人（只要他们至少是在某种理性而公正的基础上做出决定）。之后他们还需要有一个决定是否起诉的检察官，一个决定是否判定有罪的陪审团，一个决定是否定罪判刑的法庭，以及一个决定赦免还是减刑的行政官。这就是他们所选择的，由一层层决策者组成的笨拙的处理方式。

然而，问题依然没有解决：我们作为最高法院的法官，该以什么标准来决定是否接受陪审团作出的有罪裁决（并建议行政官员对被告予以特赦）呢？答案在我看来十分明显，我也会试着说服其他人同意我所依据的倾向性选择。首先，我强烈希望我们的社会是一个法无禁止皆可为的社会，而非一个法无授权即禁止的社会——我相信这也是一个如今已被广泛赞同的观点。琼安·克里斯朵夫·弗里德里奇·冯·石勒（Johann Christoph Friedrich Von Schiller）曾说过一句相似的话："任何没有被禁止的事物都是被允许的。"〔1〕历史的教训已经论证了为什么"法无禁止皆可为"比"法无授权即禁止"更受欢迎。

不过，在没有明文禁止的情况下选择自由行事，这种总体的倾向性选择可能会带来一些麻烦。有些富有创新精神的恶棍经常能找到法律的漏洞来做恶，而旧的法律要跟上科技的进步也着实有难度。因此，这种倾向性选择时不时会导致无法惩罚任何领域内的第一批新型犯罪的罪犯。但即使如此，我也依然强烈支持在没有明文禁止的情况下拥有行为自由的观点——哪怕一些有罪者会因此而漏网。

无论如何，上述问题不能解释我们现在所面临的情况。

〔1〕 Johann Christoph Friedrich Von Schiller, *Wallenstein's Camp*, Sc. 4 (1798), Quoted In *Bartlett's Familiar Quotations* 365 (John Bartlett & Justin Kaplan eds., 16th ed. 1992).

本案被告的行为并不属于我们的成文法起草者所不了解的高科技创新。我们的立法者原本很容易就能通过立法禁止他们做出这种行为。但他们并没有这么做。他们为什么没有这么做——是出于懒惰、轻率、懦弱、迷信，还是不愿意解决一个棘手的道德难题——我们只能推测。但他们没有对此立法的事实是确凿无疑的。当然，有人会说，对故意杀人的一般性禁止足以囊括这里所讨论的行为，因为这里的杀人是故意所为。[1] 但因为成文法中宽泛的禁止杀人规则中没有列出明确的例外情况，就必须解释为法律默示了禁止本案中所发生的杀戮，我认为这是站不住脚的。这种推理模式本质上违背了法无禁止皆可为的原则，尤其是在类似本案一样被广泛报道和争论的被控犯罪的背景下。

此外，法律也早就承认，有些行为虽然被法律明令禁止，但如果为了阻止“更大的灾难”而“必须”从事这些行为

---

〔1〕 这里的杀人行为与所有的司法执刑一样，也都是有预谋的。第二个千禧年最后一个世纪一起有名的死刑案［1926 年“马萨诸塞州联邦诉萨克案”（*Commenwealth v. Sacco*, 151 N. E. 839）］中的官方死亡证明中，将被告的死因列为“电击司法杀人”（Electric Shock Judicial Homicide）。见 1927 年的“巴特罗密欧·万赛提的死亡证明”（Certificate Of Death Of Bartolomeo Vanzetti，现存于哈佛法学院图书馆）。

时，该行为具有正当性。这一原则可以用“情急之中无法律”这个谚语来描述。[1] 然而这是一种错误的表述，因为有一条发展成熟（也许不算特别精确）的法律，即允许为了防止造成更大损害而选择造成轻微损害的紧急避险法（Law Of Necessity）。[2] 纵观历史，哲学家和法学家们讨论过很多检验这一高难度原则的案件——既有假想的，也有真实发生的。在第二个千禧年的纳粹大屠杀期间，一群犹太人为防止纳粹发现他们的藏身之处后杀死他们所有人，闷杀了一个哭泣的婴儿。当一些德高望重的宗教领袖在大屠杀中与上述略微不同的情境下面临这种两难困境时，他们的共识是这些行为不应被谴责。[Marilyn Finkelman, *Self-defense and Defense of Others in Jewish Law: The Rodef Defense*, 33 Wayne L. Rev. 1257, 1278-80 (1987).] 我也同样不相信一个世俗的法庭会判这些绝望的人有罪，即使他们故意、自愿、有预谋地杀害

---

* Necessity Knows No Law；Necessity 的普通含义为“必要”，而其法律表述为“紧急避险”。

〔1〕我的一位法院同事（我这里不提其姓名）有时也被人称为“Necessity”，因为他也一样“不懂法律”（Knows No Law）。

〔2〕见 Sanford H. Kadish & Stephen J. Schulhofer, *Criminal Law And Its Processes: Cases And Materials* 860-80 (6th ed. 1995)。显而易见，数人死亡比一人死亡损害更大。但是也见《巴比伦塔木德法典》（“任何人只要保护好以色列的灵魂，就相当于保护了全世界”）。

了无辜的婴儿。〔1〕

将紧急避险作为犯罪的一般抗辩理由“似乎明显是一种普通法的抗辩方式”。〔2〕［见1962年《标准刑法典》（*Model Penal Code*）§3.02条评注10］几乎所有司法辖区都承认，紧急避险可以作为除杀人之外的其他犯罪的抗辩理由。〔3〕因

---

〔1〕 或许这个决定会受到不幸的现实的影响，即大部分造成这种困境的人——纳粹的刽子手们——都逃脱了惩罚。

〔2〕 紧急避险抗辩“很早就融入我们的文化中”。见 J. Hall, *General Principles Of Criminal Law* 416（2d ed. 1960），Cited In Laura J. Schulkind, Note, *Applying The Necessity Defense To Civil Disobedience Cases*, 64 N. Y. U. L. Rev. 79, 83 n. 20（1989）。类似的判例最早可以追溯到1551年的“雷尼格尔诉弗格萨案”［*Reniger v. Fogossa*, 75 Eng. Rep. 1（K. B. 1551）］。该案法官认为，为躲避暴风雨而将自己的船停靠在别人码头的船长，无须按照法律规定被没收财物，法院总结道：

> 一个人可能会违反了法条的语言，却没有违反法律……因此，法律的语言……应该要让步，并给一些违反了这些法律语言的行为让路，当这些行为是为了防止更大的不便，或者说为了紧急避险时……

审理雷尼格尔案的法院甚至翻阅了更久以前的《新约全书》中的《马太福音》第12章3-4节中的例子，即饥饿者通过食用圣餐面包或拿走其他人的玉米来紧急避险（避免饿死）。又见爱德华·B. 阿诺德（Edward B. Arnolds）与诺尔曼·F. 格兰德（Norman F. Garland）合著，*The Defense Of Necessity In Criminal Law: The Right To Choose The Lesser Evil*, 65 J. Crim. L. & Criminology 289, 291 n. 27（1974），也引用了雷尼格尔案。阿诺德与格兰德在文章中列举了许多“承认紧急避险的基本原则”的古代判例和现代英国判例，也列举了美国联邦和各州的相关判例。法院系统对紧急避险抗辩的承认在案例教科书中也有体现。例如，见 Sanford H. Kadish & Stephen J. Schulhofer, *Criminal Law And Its Processes* 860-80（6th ed. 1995）。

〔3〕 紧急避险抗辩是《标准刑法典》的一部分，见《标准刑法典》第§3.02条，并且已经被许多州立的刑法典所采纳，见 Lawrence P. Tiffany & Carl A. Anderson, *Legislating The Necessity Defense In Criminal Law*, 52 Denv. L. J. 839（1975）（审查了有多少个州在重新修订刑法时将紧急避险抗辩纳入其中）。

此，如果本案被告在洞穴中找到一个上了锁，并写有“私人财产，任何情况下都不许打开”的食物箱，假如他们撬开锁并吃掉其中的食物，没有人会否认他们的行为是合法的。我也不相信我的同事会判这些被告犯盗窃罪，即使禁止盗窃的法条中没有写明任何例外。当盗窃比多人死亡的后果轻微时，紧急避险的一般规则就为盗窃罪提供了必要的例外。然而，有的司法辖区明确拒绝将紧急避险延伸至为防止多数无辜人员的死亡而杀死一个无辜者的情形。[1] 其他一些司法辖区则

---

[1] 例如，见 1985 年《肯塔基州法典注释修订版》第 § 503.030 条（其中写道：“故意杀人……没有抗辩理由。”）；1994 年《密苏里州法典修订版》第 § 563.026 条（其中写道“任何可能会构成除一级重罪或谋杀之外的其他犯罪行为，如果是为避免对公众或私人造成迫在眉睫的损害而采取的紧急措施，是正当的，且不算犯罪行为”）；1997—1998 年《威斯康星州法典注释版》第 § 939.47 条（其中规定紧急避险是“对公诉的一个抗辩理由……若被指控的罪名是一级故意谋杀，那么犯罪等级将被降为二级故意谋杀”）；1995 年“女王诉帕摩尔案”（*Regina v. Pommell*，2 Crim. App. 607，608）（指出紧急避险的抗辩理由不适用于谋杀和谋杀未遂），转自引 Alan Reed，*Duress And Provocation As Excuses To Murder：Salutary Lessons From Recent Anglo – American Jurisprudence*，6 J. Transnat'l L. & Pol'y 51，68 n. 20（1996）。

那些将紧急避险抗辩限定在除谋杀以外的犯罪行为的司法辖区面临着如下难题：一个因为看到自己的妻子和其他男人在床上，受到刺激从而杀人的人，如果被认为是做了任何一个理性的人在相似情况下都会做的举动，他的指控会从故意杀人降为过失杀人。但是一个为了拯救多数人的生命而杀害一个人的人将面临一级谋杀指控。这些判例和法条也与《标准刑法典》的评注中“当一人为拯救两个或两个以上人的生命而故意杀死另一人时，可以用紧急避险作为抗辩”的基本原则相悖。见 Wayne R. LaFave & Austin W. Scott，Jr.，*Substantive Criminal Law* § 5. 4，at 632（1986）。

并没有将紧急避险局限于不涉及杀人行为的情形。[1] 学者们的意见有分歧，而美国法学会（American Law Institute）的观点则倾向于，只要杀害行为是必需的，且被救的无辜者人数比被杀害者人数多，那么，就不该限制紧急避险的适用范围。“紧急避险原则是广泛适用的……将谋杀行为从紧急避险的适用范围中去除是非常不幸的。”[2] （见《标准刑法典》第14页§3.02条的评注）有关这一问题的司法判决如此“罕

---

〔1〕 正如蒂芙妮与安德森所总结的：

在涉及无辜者被故意杀害的情况下，（杜德利与斯蒂芬案）拒绝以紧急避险作为抗辩理由的普通法规则，现在看来也几乎被全世界所拒绝。最普遍的做法是在法条中规定，仅仅当紧急避险的其他条件都符合时，该行为人的“行为”是正当的。

Tiffany & Anderson, *Supra*, At 860。

〔2〕 美国法学会继续写道：

因为，尽管承认生命的神圣性在价值体系居于至高无上的地位，然而最终夺取生命的行为，也许正是为了促进禁止杀人法所保护的价值。比如，一个人在堤坝上凿洞，清楚地知道这会淹没一个农场，但这是唯一可以拯救整个村庄的办法。如果他被控杀害农场居民，他完全可以指出禁止杀人的法律目的是拯救生命，而通过他的行为，拯救了更多无辜者的生命。在这种情况下，每个个体的生命都应该被看作是等价的，而被拯救的生命相较于被牺牲的生命数量上的优势，显然应该确立该行为在法律上的正当性。所以同样，与一个掉落悬崖的同伴拴在一起的登山者，在尽力坚持之后最终还是切断了绳索，必须允许他做紧急避险抗辩，因为他虽然稍微加速了一人的死亡，但是避免了唯一的其他可能，即两个人的死亡。尽管并非所有人都认为剥夺一个无辜者的生命比起更多人的死亡是更道德的事，但大部分人应该会认同，被拯救的生命总量多于被牺牲的生命总量，是符合道德的，只要在对拯救的生命做出选择时是公平的。显然法律应该允许这样的选择。

Kadish & Schulhofer, *Supra*, At 877-78（引用1985年《标准刑法典》第3.02条第14—15页评注）。

见”的原因是，公诉人几乎从不会起诉那些两害相权取其轻，即牺牲一个人的性命来拯救其他更多人性命的人。

我们的司法权没有解决这一问题，甚至没有遇到过这一问题。我们本国普通法中的紧急避险规则与禁止谋杀的法条一样宽泛：“任何为阻止发生更严重的不良后果，而从事某项在其他情况下构成犯罪的行为者，无罪。”所以我们面临的问题是，对于那些有些司法辖区采纳，而有些司法辖区拒绝采纳的把紧急避险局限于杀人之外的其他情形之限制，立法者的沉默应解释为对此的接受还是拒绝呢？使情况更加复杂的是，在缺少立法指导的情况下，被告在做决定前，曾多方寻求权威指导——这是在当时的情况下他们所能做的最大努力了。而他们没有得到任何指导。给他们定罪是在指控他们猜错了本院无法预测的投票结果。此外，在这种情况下将他们定罪——尤其在我们的立法机关拒绝解决有关紧急避险这一抗辩理由的限制问题的情况下——将意味着采纳一种倾向于扩大刑法范围以解决疑问的司法解释规则，而非“当刑法的适用范围模棱两可时，应宽大处理”的精神。［见 1971 年美国最高法院审理的 *United States v. Bass* 案（404 U. S. 336, 347），引用语来自 1971 年美国最高法院审理的

Rewis v. United States 案（401 U. S. 808，812）][1] 在解释普通法中的犯罪时，也必须适用同样的宽大原则。[见 1964 年美国最高法院审理的 *Bouie v. City of Columbia* 案（378 U. S. 347，352-54）]。我们的最高法院是从哪里得到的权力，来限缩紧急避险规则的适用，并将立法机关拒绝明确禁止的行为判定为犯罪行为呢？我的同事们没有回答这个问题。

当然了，如果立法机关明确考虑过本案所反映的“两害相权取其轻”的情况，并明文禁止本案中所采取的行动，紧急避险的抗辩将无法成立。然而，正如我所叙述的，我们的立法机关并没有明确提及这一具体问题，尽管该问题在法学

---

〔1〕 见 1997 年美国最高法院审理的“美国诉拉尼尔案”（*United States v. Lanier*，520 U. S. 259，266）（“对刑法法条的严格解释原则，或叫作宽大规则，通过将刑法条文仅仅适用于其所明确规制的行为，以解决法条的模棱两可问题，从而确保了其合理警告的作用。”）；1994 年美国最高法院审理的“史泰博诉美国案”（*Staples v. United States*，511 U. S. 600，619）（指出根据宽大规则，一个“模棱两可的刑法法条应当”以“有利于被告的方式被解释”）。

和哲学论述中有着举足轻重的地位。[1] 相应地，若适用这个不无益处的规则，即：立法机关有责任用具体、有针对性的语言来禁止这一有争议的行为，那么，这些被告就不该被

---

〔1〕 确实可以说，很少有律师在上法学院时没有讨论过这个难题及其多种变形。大部分法学生都读过“杜德利与斯蒂芬案”，以及 1842 年的“霍尔姆斯案”。很多人也会研究 20 世纪著名哲学家罗伯特·诺齐克（Robert Nozick）的作品，他在 1974 年曾设计过下面这个有预见性的假设：

> 如果你在一个很深的井底，有人将第三人抬起并朝你砸下来，这第三人既是无辜的，也是一个威胁；如果是他自己选择朝你的方向跳下来，那他就是一个侵犯者。即便这个掉下来的人可能会掉在你身上而活下来，你能用你的激光枪在这个躯体砸死你前将其分解吗？自由主义者的禁令一般都是禁止对无辜的人使用暴力。但我认为，无辜的威胁是不同的问题，必须适用另外的原则来解决。因此，一套完整的理论还必须明确，在应对无辜的威胁时，对其的限制也应当不同。更加复杂的情况包括无辜的威胁防护，即那些自身无辜且毫无威胁的人，但他们所处的位置足以使他们受到阻止威胁的唯一手段的损害。无辜者被绑在侵犯者的坦克前，不击中他们，就无法击中坦克。（对某些人使用强力以作用于一个侵犯者，并不是在对无辜的威胁防护采取行动，例如，折磨一个侵犯者无辜的孩子，以迫使侵犯停止，这个孩子并不是对侵犯者的保护。）人们可以有意识地伤害无辜的防护者吗？如果人们可以攻击侵犯者并伤害无辜的防护者，那么，无辜的防护者可以为了自我防卫而反击（假设他无法对侵犯者进行反抗或反击）吗？我们能让两个人为自我防卫而对打吗？同样，如果你对一个无辜的威胁者使用暴力，你就因此变成了一个对他而言无辜的威胁者，因此他现在也可以合法地再使用暴力来对付你（假设他可以这样做，但却不能阻止他最初的威胁性）吗？

Robert Nozick, *Anarchy*, *State*, *And Utopia* 34-35 (1974). 学生们也对另一个假想案件进行过讨论：一名医生在对一种致命细菌进行实验；细菌开始扩散（非因医生的过错）；唯一防止细菌继续扩散的方法是把医生试图逃离的房间封锁，而这样会导致医生死亡。

判刑。

三 诸位同事的意见

我的一些同事们认为法条的语言很直白，但同时也声明杀人必须有自我防卫和执行死刑时的例外，这在普通法里经常被承认。而紧急避险有时也会被承认；为预防多人死亡等更严重后果时的紧急避险能否成为杀人行为的借口，则成为千年来的大辩题。富有声望的权威人士各执己见，而我们的立法机构则拒绝明确解决这一问题。在这种情况下，我们要来解释法条中包含或遗漏的词语。这一过程可以采取不同的方式。

我的同事柯辛斯基大法官提倡绝对的涵盖规则：若不是明确规定了例外情形，就必须适用法条的语言，无论结果显得有多荒谬（见前述科辛斯基大法官的判词）。按照这个逻辑，合法使用致命武器杀人的警察应被判刑，因为法条并未明文排除这种行为。

需要注意的一点是，这里所讨论的立法是一个“普通法法条”（Common Law Statute）的例子，即用最宽泛的语言，禁止一切广泛意义上的某种行为——这里指故意杀人——同时指望法院对其进行限缩解释。从理性的角度来说，立法机关不可能希望司法部门一方面承认自我防卫等例外情况，同时又排除紧急避险等其他多数司法辖区所接受的抗辩理由。一旦确定了本院有权决定紧急避险是否是我们法律的一部分，本院也就有权决定这一抗辩的范围。让公正的法院通过理性的判断来做决定，比让公诉人通过不恰当的自由裁量来做决定要好得多。[1]

我并不是说每一种可能的犯罪行为都要在成文法中明文列举出来，但是被广泛接受的一些抗辩，如紧急避险，就不该因为立法机关的沉默而被废除，尤其在成文法默示包含了一些被广泛接受却未被明文提及的抗辩理由的情况下。

另一位同事桑斯坦大法官，给绝对规则的普通含义提出了一种“荒谬例外”（见前文桑斯坦大法官的判词）。这会导致下面这个案件中的人被起诉：一辆火车刹车失灵而且即将开到一个岔路口。如果司机什么都不做，火车会撞到一辆坐满孩子的校车。如果走另一条岔路，他会撞到一个睡在轨道

---

〔1〕 伊斯特布鲁克大法官的判决很大程度上基于这样一个假设，即：这些被告都默认同意最后采取的行动，且“社会应该认同这一抉择”的结论（见前述伊斯特布鲁克大法官的判词）。问题是，哪怕是明示的同意，也并不总能被接受为故意杀人的抗辩理由，以 1994 年密歇根州最高法院审理的一个古老案件“人民诉科沃基安”［*People v. Kevorkian*（527 N. W. 2d 714）］为证。

上的醉汉。没有第三种选择。司机选择了岔路，撞死了醉汉。给他定罪是错误的，因为他出于好的目的，想要拯救生命，然而给他定罪却并不“荒谬”，因为他故意撞死了醉汉。[1]而另一位同事则告诉我们，所有的法规都必须从无依据可循的“权利”的角度来解释，即“所有的个体都有权得到免受暴力侵害的保护，即使基于道德衡量，这种暴力行为能够挽救的生命多于牺牲的生命时也不可以”。（见前文韦斯特大法官的判词）这一规则不仅会允许起诉火车司机，也会允许起诉那些为防止婴儿的哭声招致纳粹的残杀而杀死婴儿的犹太人。我的同事们真的会在这些例子中依然支持他们倾向选择的规则吗？

韦斯特法官同样提出了一个挑衅性的假说，而这对于任何有思想的法官或立法者都会造成困扰。她提出，如果推翻本案的定罪，是否会得出这样的结论：一群需要器官维持生命的人能合法地杀死一个人，并利用其器官让一群人活下去。这是个好问题。每个人至少都应该明白，允许为获得一个人的器官而杀死他的基本法律规则是一个不该被文明社会所接受的规则。这当然是我个人强烈的倾向性选择。本案与这种

〔1〕 确实，根据有效的判例法，他的杀人行为甚至算是有预谋的，因为预谋可以产生于一瞬间。

情况有几个不同之处。首先，普遍共识是：为了获取器官而杀人是不可接受的。据我所知，在任何法律体系、哲学思想甚至古老的信仰中，对此都没有反对意见。[1] 然而，对洞穴奇案和纳粹大屠杀时期哭泣的婴儿案存在相当大的分歧。仅凭赞成数量的不同就能看出洞穴奇案和器官案的区别，尽管其背后的原因或许加强了结果的不同。

其次，器官案与本案的第二个区别是本案中的被害人即使没有被被告们杀害，他也会在几天后死去。在器官案中，被杀害的器官提供者是可以活到最后的。因此，本案所面临的问题不是被害人是否无论如何都会死，而仅仅是，他是否应该在他被杀害的那一刻死，以便为了让他人活下去，还是他几天后依然会死，而那时没人能够活下来。这两种情况有很大区别！

最后，我们普遍反对为了获得器官而杀人的最强有力的理由是，器官匮乏一直是广泛而长久的问题，正如韦斯特法

[1] 不过，有些人认为可以合法使用死刑囚犯的器官，尽管这会导致仅仅为了拯救他人而处决更多的死刑犯。

官所指出的那样。〔1〕如果我们许可了对一个潜在的器官捐献者的杀害，那就没有人是安全的了。每个人只要有可以救命的健康器官，都会被这一规则置于危险的境地中。这与我们的探险者或哭泣的婴儿非常不同。尽管这些罕见的情况在历史中不止一次地发生，但在相当长的时间跨度中并不太可能重复发生。无论我们对这些不寻常的案件做出什么判断，都不会或极少会影响到未来极少数人在意外遇到本案的探险者或躲避纳粹集团的犹太人所遇到的情况时所采取的行动。这些都属于独特的案件，在法律没有明确解决办法的情况下，我们可以提供纯粹的溯及既往的正义，而无须担心确立了危险的先例。当然，每一个案件都是先例的一部分，如果立法者反对我们的决定，他们可以通过立法明文禁止在这种情况下的杀戮。立法者没有明文禁止为获取器官而杀戮的行动的原因是，从没有人——或者，可能根本不会有人——试图为

---

〔1〕正如韦斯特大法官所云：

> 现在本国有相当多的公民在等待器官捐献、骨髓移植和输血。这些器官、骨髓和未经感染的稀有血型的巨大稀缺是一个悲哀的现实，所有这些病人（以及任何时候都有可能成为这种病人的我们）都不得不忍受。这种稀缺性使得需要接受捐献的人无比痛苦，而医务人员的决定异常艰难。

见韦斯特大法官的判词。

这种行为进行紧急避险的抗辩。那样的结果会是“荒谬的”，套用我另外一个同事的话，立法者不需要明确否定每一个“荒谬的”抗辩理由，尤其是从来没有人提出过这种抗辩。然而，在本案中提出的抗辩并不荒谬，之前也被提出甚至采纳过。这些都是区别。韦斯特法官真的认为闷死大哭的婴儿和为获取被害人的器官而杀人的行为是一样的吗？如果不是，我们所面对的本案，难道不是更接近前者而不是后者吗？

四 结论

我认为，那些想要惩罚本案被告的人有责任明确禁止这种行为，并规定相应的惩罚。[1] 本案中相关机构的不作为使得这种责任并没有被尽到。

鉴于此，我认为，以上所表述的原则要求我们得出这样一个结论，即本案中的被告所从事的杀人并非不合法。这些被困在山洞中的人无法寻求法律的指导。法条并不明确，先

---

〔1〕 我们的立法机关并无意在一般性禁止杀人的情形中包含紧急避险的情况，其另一个重要证明是，他们并没有特别指出，对这种悲剧的选择性杀人行为的适当惩罚是什么。显然，赋予法官权力给本案被告判处与为了利益、威胁或仇恨而杀人的被告一样严重的惩罚是错误的。

例模棱两可。他们为了能从权威机构得到指导，采取了一切合理可行的办法。最终只能自己作出决定。他们在当时的情况下尽了最大努力，选择了一个理性而公正的方式。最后的结果是拯救了大部分人的生命。我无法从我的内心——或者，更重要的，我无法从法律上——谴责他们的所作所为。如果对这里所作出的选择或者从中得出的结论有反对意见的话，那就让辩论开始吧。我保持着开放的心态，不会受过去的“自然”及“非自然”等神话所影响。

伊斯特布鲁克大法官[*]的判词

纽卡斯国法典的第12-A条规定："故意夺取他人性命者处以死刑。"本案的被告们杀死罗杰·威特莫尔并将其分而食之；他们的行为是故意的（而且有预谋）。如果法条的语言就是最终结论的话，正确的判决也很简单，正如基恩和柯辛斯基大法官的判决一样（见基恩大法官和柯辛斯基大法官的判词）。然而，当刽子手行刑结束，他也一样完蛋了，因为行刑者也是故意夺取他人性命；同理，枪杀了即将在人群中引爆炸弹的恐怖分子的警官也必须被判死刑。然而在纽卡斯国的历史上，这些警官都被当作英雄对待，而不是杀人犯——并且原因不仅仅是因为政府不予起诉。

语言的含义来自语言环境，同时也来自历史和政府管理

---

* 伊斯特布鲁克大法官系美国联邦第十一巡回上诉法院法官，兼任芝加哥大学法学院高级讲师。

环境。再看一下这个法条："故意夺取他人性命者处以死刑。""故意夺取他人性命者"不是"故意夺取他人性命被定罪者"。然而，通常我们都把它理解为后面一句：在我们的政治制度中，有罪判决是由法院决定的，而不是由实施逮捕的警察或群众决定的。法律，部分是写给那些可能会杀人的人看的，部分是写给法官看的，法官在判案时适用复杂的证据规则，而这有可能导致无法使实际杀人者排除合理怀疑。没有人认为第 12-A 条否定了证据规则、更高的举证责任、陪审团，以及其他会影响被控杀人者是否会被判为有罪的法律制度。像其他刑法条文一样，第 12-A 条要求依据法律制度所公认的程序、证据规则、举证责任——以及抗辩来判案。

数千年来，在许多司法辖区内，刑法条文被理解为仅在行为不正当时才被适用。警卫人员杀死试图谋杀行政总长的刺客是正当的，尽管这是故意杀人；同样，一个人为保护自己的生命而杀人也是正当的；但只有后者才是自我防卫。警卫杀死刺客的案例说明自我防卫只是很多正当性理由中的一种。纵观历史，政府的立法、行政和司法三个部门都有权衡量这一正当性——为了做到这一点，立法机构是通过明确哪些行为是应当禁止的、哪些行为允许有例外，行政机构是通过不予起诉（或者在定罪后宣布赦免），而司法机构是通过创设抗辩理由。最终，只有当所有三个机构（加上代表个体公民的陪审团）一致同意可以针对某人施加公共强制力时，才可以做出刑事处罚。立法机构可以制定一个针对刑事指控的封闭抗辩清单，来限制司法部门的作用，不过他们从来没这样做过。新的法律将纳入法律制度的日常运作中，除非政治分支机构另有规定。而第 12-A 条并未另有规定。我们的立法机构可以制定像第 12-A 条一样简单的法律，因为他们知道法院会审理正当性问题。这是一个协同程序：法条解释与抗辩的规则，就像语法和用词规则一样，使立法机构在推行其拯救生命的立法目的时更加容易。有关恐怖分子的例子证明了这一论点。

四位被告提出了“紧急避险”的抗辩理由。在第一次洞穴塌方之后，五个探险者都陷入了巨大的险境，而且山洞外面的救援人员确认，在救援成功之前探险者们有可能都会饿死。选择很残酷：故意杀死一人救活其余四人，或者让所有人都饿死。一个人死好过五个人死，正因如此，紧急避险法鼓励这种做法。军事长官一直都明白这种权衡，所以，他们派出小分队去完成任务，明知他们可能永远回不来也仍然如此，目的是救更多的人。

和所有的两害相权取其轻的抗辩理由一样，紧急避险是公然的功利主义。正如唐丁大法官的假定，自我防卫也许反映了一种不确定性，即法律能否对那些面临死亡恐惧的人所采取的行为施加影响（见唐丁大法官的判词）——如果能的话，人们不禁要问，为什么自我防卫不能超出抵抗侵犯的必要限度？这种限制，只有在被侵犯者能够理智地思考、了解法律精妙的规则时才合理。但是其他抗辩理由会假定行为人（如警察）是经过考量并警醒的。问题是：法律应当引导他们在考量时把什么包括进去，又把什么排除出去呢？

允许以紧急避险作为抗辩理由会导致一种风险，即人们可能在确实有必要紧急避险之前就轻率地采取行动。因此，如果法律允许饿得奄奄一息的登山者闯入偏僻的小木屋作为获取食物的最终手段——换句话说，如果紧急避险能成为盗窃的抗辩理由——这会导致流浪者们肚子一饿就私闯民宅，即使远远没到要饿死的程度。还会有一个并行的风险，即那些身处食品超市的贫穷的饥饿者，可能会不付钱就自取所需。这些风险需要通过一些规则来解决，比如要求在紧急避险时，面临的危险必须近在眼前、避险的手段必须别无选择；对法律规则的偏离（如自我防卫）必须非常小——以能避开危险为限。1980 年美国最高法院判决的“美国诉贝利案”（*United States v. Bailey*，444 U. S. 394）就采用上述观点作出了判决，认为一个受到狱警（非法）虐待威胁而逃狱的囚犯，受到指控时可以用为避免更严重的危险而有必要逃跑作为抗辩理由，但是如果他随后遇到一个将会把他带到安全囚禁地的治安警官时，如果他没有立即投降，就失去了为其逃跑进行抗辩的理由。

允许紧急避险的抗辩理由还会引起第二种灾难：这种抗辩的存在，会导致以类推方式将其扩大至刑事责任不应被免除的情形。为控制这种风险，法律规定在紧急避险之前，必须首先要穷尽所有合法的或者风险较小的方法。囚犯在逃跑之前必须先将他的担忧报告给监狱长；如果监狱长不作为，囚犯不能伤害狱警，只能逃跑。1998 年美国第七巡回上诉法院审理的“美国诉海恩斯案”（*United States v. Haynes*，143 F. 3d 1089）认为，把滚油倾倒在其施虐者身上而没有尝试逃跑的囚犯，不构成紧急避险，这正说明了这一规则。允许登山者闯入小木屋的案子，和判决穷人冉阿让不能从杂货店盗窃面包的“联邦诉冉阿让案”之间的区别在于，穷人可以和杂货店协商，或者找一份工作，或者寻求公共或私人慈善机构的帮助。而登山者缺乏其他寻找食物的选择，也无法与小木屋的主人协商（因为主人不在），所以可以破门而入，因为这是他最后的资源；偷盗的恶小于死亡，但大于工作（即穷人可以工作）。

协商，无论是实际发生的还是潜在的协商，都可以用来衡量那些基于功利性的抗辩理由。如果一种抗辩理由实际上促进了公共福利，那么，还没有遭遇到危险的民众可能会认同该抗辩理由应该被考虑。假设这五位洞穴探险者在进入山洞的路上停下来，讨论当他们陷入困境时该怎么办。毫无疑问，他们会尽可能地等待救援；而这不能引申出这样的设想——他们会进一步商定，如果在获救前他们已经快要饿死了，他们将牺牲其中一位来拯救其他人。如果灾难发生，比起确定会死来说，每个人都宁愿只有五分之一的可能性会死。尽管他们也许会发现，这种可能性如此令人难以接受，以至于会放弃这次旅行，而不是达成杀死一人的契约；而另外一个选择——商量好一系列规则，要求在发生前述困境时所有五人都饿死——其实要更糟糕。我们知道他们毕竟进入了山洞，是在本院部分法官认为所有人都应当饿死的法律背景下进入了山洞，而他们宁愿达成一个把每人死亡的概率降低80%的契约。

假想的契约很容易订立；这也许说明了为什么关于人们在无知之幕下如何谈判的哲学讨论会无休无止。法官应当使这些猜测服从于对事实的检验。真正的风险承担契约都有些什么条款？我不是说那些在灾难发生后达成的契约（如探险者们在第 23 天决定掷骰子的计划，而威特莫尔后来放弃了这个计划，希望再等几天），而是在死亡冒险开始之前达成的契约——这些契约包括所有的相关选择，也包括避免所有风险的选项。

在进入地下洞穴之前，洞穴探险者像他们地上攀岩的同志们一样，在沿着岩壁或岩石夹缝向上攀爬或向下降落时，同意用一根绳索把每个人连在一起。如果有人失去控制，这根结组绳索便可阻止他跌落，从而救他一命——但是这绳索也会造成一种风险，即失控的攀爬者可能会拖着其他人一起滑落。通过同意用结组绳索把每个人连在一起，探险小组的每个成员都使自己面临着因其他人的过失或不幸而死亡的可能性。作为交换，他在自己犯了错误或遇到不幸时能够得到保护。每个人都接受死亡的风险，以降低整个团队所面临的整体风险，从而也降低了总风险中每个人的那部分风险。每个人都同意，或许仅仅是默示同意，当一人的滑落威胁到所有人时，可以切断绳索以使其他人得救。

洞穴崩塌之后所发生的事情，从功能上来说是一样的：牺牲其中一位让其他人活下来。最终那个被牺牲掉的人是威特莫尔还是其他人都没有关系；任何其他人被选中，在本案中的刑事责任都会一样大（或者一样小）。探险者们的事先契约中没有包含可能面临风险的确切形式，也没有包含使总体损失得以减少的确切方式，但却建立起一个牺牲个体的互相保护原则。**事先保证互惠互利，足以使个别队员事后的致命后果变为正当。社会应当承认这样的契约，以及这种通过紧急避险促进社会福祉的方式**。反对这种抗辩就是否定这种契约本身，并将增加未来的损失。

原则上接受紧急避险这一抗辩理由（也就是风险共担契约）并不意味着必然接受将致人死亡包含在其范围之内。攀岩者们没有穷尽其他方式来拯救大家就过早砍断悬荡着同伴的绳索，将构成谋杀。西塞罗（Cicero）认为，如果两个水手被抛在一块只能支撑一个人的木板上漂浮，直到救援到来，则每个人都可以设法成为活着的那一个，而不承担刑事责任。但是，如果他们判断失误，这木板可以支撑两个人足够长时间呢？如果五个探险者都可以活到被救之日（第 32 天），或者通过进一步探索发现有其他出口，而不是在靠近洞口处就停下来呢？古代的航海者原则上认同为活命而分食同伴的实践，但是宽泛的紧急避险抗辩将导致他们太快地杀死同伴。已有报道有惊人的一致性，即年龄最小的或者最胖的人总是会抽到死亡之签。[A. W. Brian Simpson, *Cannibalism And The*

Common Law 124, 131（1984）］为防止将选择较小危害的行为作为抗辩理由变成实施邪恶的通行证，紧急避险中所避的险必须是强大且迫在眉睫的——再次参照自我防卫模式。然而，检察官没有表明洞穴探险者应当先在山洞里寻找其他出口，而陪审团确认医疗专家委员会已经指出，陷入山洞的人如果没有东西吃，“几乎没有可能”活到第 30 天。紧急避险可能导致人们（在他们自己心中）将其所面临的危险放大并反应过激的风险，在本案中没有出现。基于陪审团所确认的事实，如果所有五个人都消极地等待救援，他们很可能都会死。于是他们采取了行动；四个人活了下来。把这获救的四人处死是无谓的残忍，而且是对威特莫尔牺牲的嘲弄。有罪判决必须被推翻。

最蠢女佣大法官* 的判词

没有哪个上司会要一个无法领会言外之意的仆从。再愚蠢的女佣也知道当女主人叫她“削掉汤羹皮并撇去土豆沫”的时候是言非所欲。

——福斯特大法官

一 真相

“对对对对对。”现在轮到“最蠢女佣”来收拾这群白人造成的乱摊子了。有罪判决当然是该被推翻的。“最蠢女佣”并不懂任何法律规则，毕竟那玩意儿并不存在于她在这阔气

* “最蠢女佣大法官”系美国乔治城大学法学院阿尔伯特·布里克法学教授（Albert Brick Professor In Law）保罗·巴特勒。

豪宅里所见到的各种好东西中。但她知道她所认为是对的。那是她判断的基础。就跟那也是其他人判断的根据一样。只不过这位“女佣”是唯一一位蠢到愿意承认这一点的人。大概因为她也没什么可失去的吧。

这些东西被叫作看法*是有原因的。在“最蠢女佣”看来，政府就不该把一个人押到台子上，用绳子绑住他的脖子，然后踢掉他脚下的凳子，同时还邀请观众来欣赏他口吐鲜血。首先，除了“最蠢女佣”外，还有谁会被留在市政广场擦洗血迹？虽然她很擅长清理白人造成的恶心乱摊子，但是这个工作量很大，并且耗时也很久。

其次，这有什么意义呢？政府用杀人来证明杀人是错的？“最蠢女佣”觉得这简直不可理喻。她知道该把惩罚和犯罪分开看待，但是她做不到。她不该做到。更重要的是她也不需要做到。因为这一回她才是法官！所以，她不会把这二者分开看待。有罪判决应该被推翻，因为“最蠢女佣”觉得死刑是错误的。就这么判。

但到此为止还没有结束。白天在法院做事的时候，“最蠢女佣”看到法官们在他们的办公室里。她知道他们做决定

---

* Opinion，本书一般译为“判词”，其日常含义之一为“看法”。

的方法和她刚刚做决定的方法是一样的。他们先想好自己想要的结果是什么，然后通过“解释”法律来推导出那个结果。他们的“看法”也不过是用幻想解释他们的高潮。但是“最蠢女佣”不一样：她是一只直奔松果的松鼠。所以，她会直白地讲述她作决定的过程。她推翻了有罪判决，是因为她不觉得被告的所作所为是错的。或许即便她觉得他们错了，她也可以“解释”出一个让政府翘辫子的借口。

但是她还应该要写一份“看法”！所以“最蠢女佣”也想试试分析的前戏，看看这对她有没有什么好处。她的幻想也和别人的一样精彩。请看。

二　分析的前戏

首先，“最蠢女佣”想要感谢上帝，毕竟如果没有他，这一切都不可能发生。所谓“犯罪”是由社会作出或者至少由陪审团作出的道德谴责，又或者是在本案中由法官做出的道德谴责。“最蠢女佣”双膝跪地，虔诚地向上帝祷告。上帝回答道：“我不认为有任何值得谴责的行为。难道你没读过《出埃及记》吗？我当时告诉法老王放我的子民离开。当他拒绝后，我便杀死了世间所有的长子。法老麻溜地改变了想法。所以当我考虑这些洞穴探险者们，以及他们如何应对在回到自己乐土的途中所遇到的障碍时，我只能说，该做的事就是得做。如果生命是神圣的——它确实是神圣的——那死一个人总还是好过死五个。”

确认完被告的行为在道德上无可指责之后，“最蠢女佣”发现也没有惩罚他们的客观理由。威慑论显然也站不住脚。你不能拦着坚信自己马上就会死的人在死亡逼近的胁迫下自救。“最蠢女佣”知道，如果她处于和洞穴探险者们相同的情况下，她会拿起锋利的屠刀，手起刀落刺向他人。大部分人都会这么做。在 1884 年的杜德利与斯蒂芬案中，柯勒律治勋爵（Lord Coleridge）在审理一个相似的案件后，支持了有罪判决，并说道：“我们时常被迫设立自己也无法达到的标准，同时订下我们自己也无法遵守的规则。”支持一条压根没人打算遵守的法律，这是多么久远的传统。“最蠢女佣”说“没空管这些屁话”。

剩下一个惩罚的理由——剥夺权利或行为能力——也一样无法成立。这些人的行为能力无需被剥夺，因为理论上他们不会蠢到又一次没做好充分的预备就随便跑到山洞里乱闯。就算他们这么做了，也就意味着将冒着和威特莫尔兄弟一样的死亡风险。“最蠢女佣”知道法律无法阻止一个亿万富翁乘着热气球环游世界。有钱人都是想做什么做什么，不需要考虑后果。而在他们终于成功后，会被人们当作英雄一样赞美。

他们不计损失。如果要“最蠢女佣”来说，她会禁止政府派遣工人营救任何因为他们自己的愚蠢而迷路的探险者。这是一个完美的值得起诉的杀人案。她的兄弟们名列在营救四个生还者时牺牲的十个人之中。结果所有人都在歇斯底里地争论那四个探险者是否应该为第五位探险者的死亡而被惩罚，没有一个人提到任何关于法律是否应该替十个死去的工人复仇的事。但是，政府还是给他们的家人送去了牌匾，纪念逝去的真实而忠诚的侍从。但是检察官解释说，法律里没有适用于处理导致他们死亡的罪行与惩罚的条款。在“最蠢女佣”看来，刑法根本是用来保护这些洞穴探险者的，根本不保护工人。

几百年前还有另外一种惩罚的理由：矫治。这种理由在20世纪后半期就消失了，有一部分原因是因为黑人——要改造他们难度高、花销大，而惩罚他们却是件令人愉悦的事情。于是，这里不需要考虑矫治是否会适用于惩罚这些洞穴探险的被告们，因为包括纽卡斯国在内的任何辖区都不再承认矫治是一种合理的理由。

行吧，结尾该怎么写呢？要放在总结里的咒语是什么呢？啊哈，是这样的："基于上述原因，有罪判决必须被推翻。"

三　全部真相

啊哈哈哈哈！这还是挺好玩的！简直都要养成习惯了。"最蠢女佣"开始喜欢上了自己瞎编的胡言乱语。事实上，她也知道自己的语言不过是一堆喧嚣和愤怒的情绪，毫无实际意义。至少它们根本不代表任何一条法律。因为"最蠢女佣"知道，法治就是个神话，是那些有钱的白人家伙们为了防止别人抢他们的东西而编造出来的。当法律告诉那些贫困的有色人种，他们无权拥有那些富人所拥有的财产时，他们就得闭嘴。他们该相信这些并不是有钱人的狗屁话——这可是法治。

法律经常被以各种方式进行论辩，但就是高尚不了。法官在判定一桩疑难案件时所做的，也不过是挑选出他最喜欢的论点。或者有时创造出他自己的论点。如果他选择了另外一个论点，也一样能符合法律。所以，其实任何情况下都不会有"中立的"决定。法官做的是选择，不是解释，而且他的选择是根据他想要的结果来的。纽卡斯国的最高法院永远都不可能挑选那些对穷人和对有色人种有利的法律——至少不会让富有的白人家伙们感觉到他们的地位和财富受到威胁。如果他们想要显得自己很包容的话，或许会把一个愚蠢的女佣放到最高法院法官的位置上。但是有钱的白人家伙们才说了算，他们绝对会保护他们自己的利益。

所以这就是为什么对某些人来说，其实是没有法律的。不过哪怕有人想在每种情况下都遵循同一条法律，也是无法做到的。人类创造出来的法律并没有那么聪明。包括纽卡斯国禁止谋杀的法律。“最蠢女佣”根本不关心那些无所不知且处于阶级链顶端的白人是怎么想的，十三个字的法条根本无法对每种情形都给出完美的答案，也根本没人会这么想。比如，在“最蠢女佣”读到这句“故意夺取他人性命者处以死刑”的时候，她想道：“很好。现在那些执勤的时候开心地在路上到处晃悠，对着黑人和西班牙裔随意扣动扳机的警察们能得到他们应得的下场了。”结果之后她才知道法律并不是这个意思。“最蠢女佣”会问：“这不明明是这么写的吗?”“是这样没错，”法律条文吼回来，“但它并不是字面上的意思。”

哦。所以，你怎么指望别人知道它的真实意思呢？那个老疯子福斯特法官说，就连最愚蠢的女佣都知道怎么理解言外之意。有的时候安小姐说要给她b，而实际上她想要的是c。你要真给了她b，就等着挨板子吧，至于她到底说了什么，根本什么影响都不会有。所以，福斯特老头至少搞对了一件事：当你是底层佣人的时候，你最好学会理解处于顶端的主人的想法。这是生存技巧。所以知道了“最蠢女佣”的经验教训后，就知道在执勤时杀人的警察永远都不会被政府吊死，哪怕这是法律里写明的。因为法律根本不是它字面上的意思。法官说它是什么就是什么。所以，欢呼吧，感谢上帝！“最蠢女佣”现在是法官了！

不过她并不是唯一的法官。“最蠢女佣”对其他法官的“看法”也没什么好说的，因为说实话，他们的“看法”也并不比她的更重要。唯一重要的就是他们投的票。所以，现在情况怎么样了呢？两个法官说政府应该咔嚓几个人头，四个说政府不该，或者至少不能咔嚓这些洞穴探险者的人头。不咔嚓人头的一方赢了。

然而，好笑的是——这些人可都是法律世界的主人啊，他们在“屎到底臭不臭”这种问题上都无法统一意见。但是他们都写得很漂亮，他们都试图说服“最蠢女佣”。他们关于法律的见解都是对的，也都是错的。

柯辛斯基法官是唯一说要遵守法条文字的人，因为文字很“清楚”（见柯辛斯基大法官的判词）。所以，他杀了洞穴探险者之后，他还要杀行刑官吗？他会杀滥杀无辜的警官吗？他会杀自我防卫的人吗？因为法律是这么写的？他表示他会，但是“最蠢女佣”说这就是个该死的谎言。

桑斯坦法官说，除非结果变得“古怪而不公平”，甚至到了“荒谬”的地步，否则就要遵守法律（见桑斯坦大法官的判词）。至于你怎么知道“古怪”、“不公平”和“荒谬”是什么意思，这位好法官大人并没有明说。他所说的是，你要是为了保护一个“无辜的人”而杀了一个恐怖分子，那很酷，你不需要坐牢；但如果你为了自己的命而杀了一个探险者，那就直接去监狱里待着吧。行吧。但是他又说，如果你在执行一个被杀的人也同意的计划时杀了这个探险者，那你就不需要去监狱报到。准确地说，他说的是可能不需要进监狱。他说，那种情况下的惩罚“可以想到”是荒谬的。我猜那大概就是取决于法官怎么决定吧。想法很可爱，但是那跟法治有半毛钱关系吗？

韦斯特法官也一样信口雌黄。她不停地讲法治的动人之处，以及在这个案子里那些洞穴探险者应该如何被定罪（见韦斯特大法官的判词）。然后她很有胆量地追加道，“前边我驳回了被告的论点”，她“觉得很清楚的是”这些洞穴探险者不应该被处刑。她挑拣了她喜欢的那部分法律条文，所以吊死被告会是“不公正的”。显然我们不应该根据立法机关所决定的来判断正义——我们应该来一场听证会来讨论讨论“仁慈”。“最蠢女佣”能够体会韦斯特法官的痛苦，但是，让我们面对现实吧：你这是在遵循政治和信仰，而不是法律。所以做个深呼吸，抛下“法治的包袱”——那会让你得到自由。

伊斯特布鲁克大法官发现了洞穴探险者们同意大家分担风险的契约（见伊斯特布鲁克大法官的判词）。“最蠢女佣”翻遍了纽卡斯国的法律，并没找到任何地方说契约可以作为禁止谋杀的例外。即使如此，伊斯特布鲁克还是说杀死这些洞穴探险者是“无谓的残忍”。所以，我猜他这是在说他的好兄弟柯辛斯基和桑斯坦——因为这两个人投票要杀掉探险者。讽刺的是伊斯特布鲁克是最主张他是通过科学的方法得出结论的人。所以如果他要评论他的好兄弟们，他应该说他们愚蠢，而非残忍。但是他也没错，柯辛斯基和桑斯坦并不蠢——他们就是坏。而当伊斯特布鲁克说他们残忍的时候，他也不过是证明了“最蠢女佣”的观点，并做了和其他法官一样的事：遵循信仰，而非科学。他们不过是为了找个借口得到自己想要的结论，而使用了像“荒谬”、“不公平”以及

“残忍”等字眼而已。

“最蠢女佣”一样可以抨击她自己的观点。她说自己是完全反对死刑的，但是她又引用了上帝出埃及的故事，证明杀人也并不一定是错的。她说她不喜欢纽卡斯国对杀人的惩罚，但她同时也说她要把这个法律适用在为她兄弟的死亡负责的人身上。重读她自己的观点，“最蠢女佣”觉得她似乎是在神游的时候写了那些乱七八糟的东西。但至少她表明了自己的目的。她从来没声称自己不讲政治。

四　只有真相

所以这一切意味着什么呢？无非是关乎法律的两件事：一，在疑难杂案里，法律可以正反两头说；二，在有钱白人的手中，法律就是他们的菜。拜托，看看《独立宣言》和《美国宪法》就行了。

要想看一个打法治原则耳光的例子，就看这个好了。1776年的《独立宣言》说“人生而平等”（见《独立宣言》第二段），而宪法直到1808年之前都说：尽情地带想要带的黑奴来吧。之后不能再进口奴隶了，那就让他们生小的（见《美国宪法》第一条第九节第一款）。托马斯·杰弗逊

(Thomas Jefferson) 一边写着要自由和民主，一边奸淫他的奴隶，卖他们的孩子。有些以他名字命名的学校现在还在教着法律。第十四修正案说法律平等保护所有公民（见《美国宪法》第十四修正案第一条和 1987 年美国最高法院判的“麦克莱斯基诉凯姆普案”（*McClesky v. Kemp*，481 U. S. 279）），而最高法院却说有人因为是黑人所以被判死刑，我们还能做什么？什么都会发生。

这吓坏了“最蠢女佣”，但是她在翻阅第十四修正案和 1896 年美国最高法院判的“普莱西诉弗格森案”（*Plessy v. Ferguson*，163 U. S. 537）之后，同意这个案子的判决是正确的。感觉上是正确的，道理是讲得通的。伦奎斯特（Rehnquist）大法官讲了他当年在当法官助理时讲过的一样的话。但同时“最蠢女佣”也感到安慰，因为 1954 年美国最高法院判的“布朗诉教育局案”（*Brown v. Board Of Education*，347 U. S. 483）里的观点也一样有道理。感觉没毛病。至少从法律规则的角度来看没毛病。有关法治就说这些吧。而这也一样让她害怕。

为什么呢？因为法治的存在是有用的，这一点毋庸置疑。甚至说不定佣人比主人更需要法治这一点也可能是真的。但是“最蠢女佣”也知道，她的需求和这世界的运转方式是两码事。尽管如此被需要，法治也依旧并不存在。不要指责“最蠢女佣”，这并不是她对真相激进的攻击，而就是真相本身。在毕达哥拉斯宣布世界是圆的时，人们也一样大惊小怪地挑剔着他的言论。他们说地球是扁平的话会更容易导航。

最可悲的是，最相信法治的人，正是那些被法治神话伤害最深的人。“最蠢女佣”觉得这个案子里，那些放弃权利的陪审员们简直比她自己还要愚蠢。这些法官哪里知道得比他们更多了？凭什么法官的“看法”更值得尊重？如果你处于底层，然后好不容易得到一丁点权利，你得知道直接扔掉这些权利是最烂的做法。

“最蠢女佣”仰天大笑，想着那些鸡是怎么回窝栖息的。好几个世纪以来，白人都在牺牲有色人种的利益——为了让白人得到更多的利益。开始的时候，他们把有色人种塞进船舱里，现在把他们塞进笼子里，例如保留地、拘留所，把他们送回墨西哥，或送到贫娄的杀戮地。但是当白人为了更大利益而牺牲白人的生命时，那可就成了令人困惑的无解之题。

图书在版编目(CIP)数据

再审洞穴奇案 /（美）朗·富勒（Lon L. Fuller)等著 ; 高凌云, 王文心编译.
-- 北京 : 中国民主法制出版社, 2021.11
ISBN 978-7-5162-2615-5

Ⅰ. ①再… Ⅱ. ①朗… ②高… ③王… Ⅲ. ①犯罪构成-研究 Ⅳ. ①D917

中国版本图书馆 CIP 数据核字(2021)第 124542 号

图书出品人: 刘海涛
出 版 统 筹: 乔先彪
图 书 策 划: 麦　读
责 任 编 辑: 陈　曦　谢瑾勋
装 帧 设 计: 组配の匠

书名/再审洞穴奇案
作者/[美] 朗·富勒（Lon L. Fuller）等著
编译者/高凌云　王文心

出版·发行/中国民主法制出版社
地址/北京市丰台区右安门外玉林里 7 号（100069）
电话/（010）63055259（总编室）　63057714（发行部）
传真/（010）63056975　63056983
http: //www.npcpub.com
E-mail: mzfz@npcpub.com
经销/新华书店
开本/32 开　880 毫米×1230 毫米
印张/5.75　字数/92 千字
版本/2021 年 11 月第 1 版　2024 年 2 月第 3 次印刷
印刷/北京天宇万达印刷有限公司

书号/ISBN 978-7-5162-2615-5
定价/49.00 元